「気づきの瞑想」で得た苦しまない生き方

カンポン・トーンブンヌム＝著
Kampol Thongbunnum
上田紀行＝監修・序
Ueda Noriyuki
プラ・ユキ・ナラテボー＝監訳
Phra Yuki Narathevo
浦崎雅代＝訳
Urasaki Masayo

佼成出版社

「気づきの瞑想」で得た苦しまない生き方

カンポン・トーンブンヌム＝著
Kampol Thongbunnum

上田紀行＝監修・序
Ueda Noriyuki

プラ・ユキ・ナラテボー＝監訳
Phra Yuki Narathevo

浦崎雅代＝訳
Urasaki Masayo

佼成出版社

本書はタイの Friends of Moral Society（No.57, Soi Laulada, Arun Amarin Road, Arun Amarin Sub-District, Bangkok Noi District, Bangkok 10700, Thailand）から 1999 年に発刊された、タイ語の Kampol Thongbunnum著 *Cit sotsai mee kaai phikaan* からの翻訳です。

序――監修のことば

東京工業大学大学院准教授　上田紀行

人生は出会いに彩られています。

私たちはさまざまな出会いに導かれ、エネルギーを与えられながら、人生の歩みを進めていきます。

しかし、すべての出会いが私たちに力を与えてくれるわけではありません。生きる力を奪ってしまうような出会い、絶望をもたらすような出会いもまた、私たちの人生には待ち受けています。

この本の著者、カンポンさんが二十四歳の時に遭遇した「出会い」もまた、人生のすべての希望を奪ってしまうようなものでした。タイのバンコクの大学を卒業し、まさに人生順風満帆の若手体育教師は、水泳での飛び込みに失敗し一瞬にして全身不随の障害者となってしまったのです。あまりに悲しい出来事です。

しかし、その不幸な出来事がなければ、そしてその苦しみをカンポンさんが乗り越えていなければ、私たちは今この本を手にすることもありませんでした。タイという、出版の世界ではとても遠い異国からはるばる海を越えて、私たちとこの本のかけがえのない出会いはそこから始まったのです。

人間はいかに絶望のなかから生きる希望を見出していくのか。その鍵は自分自身への「気づき」であり、それは仏教の深い教えと、瞑想の実践によってもたらされると著者は言います。

そう聞くと、「苦しみの克服に瞑想だって?」とか「仏教ってそんなに力のあるものなのか?」とか、私たちには疑問が湧き上がってきます。たしかに日本の仏教を考えてみれば、禅とは精神統一とか高邁な「悟り」のためというイメージですし、仏教全体にしても、私たちの「苦しみ」に向かい合うものだと思っている人は少ないのではないでしょうか。日本であったならば、二十四歳で大きな事故にあって全身不随になった若者が、瞑想や仏教の教えに導かれるでしょうか？

「仏教国」と言われるタイ、そこでは、仏教が人びとの生活のそこかしこに「生きて」います。お坊さんを心から尊敬している人が多く、仏教は儀式や、死んでからの人に関わるものではなく、いかに生きるかを教え導いてくれるものだという意識が非常に強いのです。

「大乗仏教」である日本仏教は、タイやミャンマー、スリランカなどの上座部仏教を「小乗仏教」として軽蔑する傾向がありました。僧侶たちだけが解《げ》脱《だつ》に至ることができ、在家の人たちは解脱できない「小乗」仏教と違って、大乗仏教はすべての人が悟りを得ることができる、「乗り物」の大きな仏教である。「小乗」仏教の僧侶は自らの解脱だけを目指す「自利行《じりぎょう》」を行なっているのに対し、大乗仏教は、自らが菩薩《ぼさつ》となって衆生《しゅじょう》の苦しみを救いきるという「利他行」を目指すもので、そこには大きな救いがあるというのです。

しかし、タイやスリランカを実際に訪れてみれば、私たちは人びとの間に根づいている「利他」の精神に驚かされます。困った人がいれば助けるのが当然と思っている人の何と多いことか。「自利行」を行なっているとされる僧侶たちも、人びとに「慈悲《じひ》」や利他の行動の大切さを真正面から説くのです。さらに、実際の社会問題の解決に向けて行動する「開発僧」と呼ばれる僧侶たちも八〇年代くらいから登場してきました。

仏教は人びとの苦しみに向かい合うものだ。その意識が根づいている上座部仏教の国を見ると、私たちが自らを「大乗」と称していることが恥ずかしくなります。はたして日本の仏教は人びとの苦しみに真正面から向かい合っているのか、「利他行」を為しているのかと、複雑な思いにかられるのです。

昨年私と対談させていただいたダライ・ラマは、「大乗」と「小乗」は対立するものではなく、チベットの大乗仏教では、僧侶はまず「小乗」の勉強を数年間行なってから「大乗」の勉強に移るのだといいます。慈悲と利他の心はすべてに先だって重要なものなのです。（参考『目覚めよ仏教！　ダライ・ラマとの対話』ＮＨＫブックス刊）

日本でも新しい動きが起こりつつあります。『がんばれ仏教！　お寺ルネサンスの時代』（ＮＨＫブックス刊）で紹介させていただいたような、時代の苦しみに向かい合う僧侶やお寺は日本の中でも確実に増えつつあります。宗派を超えて若手僧侶が語り合う「ボーズ・ビー・アンビシャス（お坊さんよ、大志を抱け）」で毎回熱い議論が交わされているなど、若手の僧侶たちの間には未来の仏教の可能性を模索する動きが広がりつつあります。また、私は一年間滞在したアメリカのスタンフォード大学で「仏教は今日的問題にいかに答え得るか」という全二十回の講義を行ないましたが、そこでの若者の間での仏教への期待の高さを痛感しました。開かれた仏教への期待は、日本の国内、国外を問わず、全世界的に今や大きな流れとなりつつあるのです。

この本はいわゆる「仏教書」のように、「宗教」の枠のなかだけに留まるものではないでしょう。もちろん仏教をはじめとした宗教者の方々にはまっさきに読んでほしいと思います。しかしそれとともに、心に違和感や苦しみを感じている方々一人ひとりに、そして心のケア、スピリチュアル・ケアの重要性がとみに叫ばれるようになってきた、医療、介護、福祉の分野で活動する人たちにもぜひ読んでいただきたいと思います。

どうしてこの本は今あなたの手に届いたのでしょうか？　事故に見舞われた著者は「気づき」の瞑想の指導者カムキエン師の教えに感銘を受け、森の中のスカトー寺に住むようになりました。そこは大学院生としてタイを調査しているなかで大きな感銘を受け、人生の大きな決断のもと得度してタイの僧侶となった日本人、ナラテボー師の修行するお寺でもありました。そしてその話が広がるにつれ、日本では見出せない「生きる意味」を求めて多くの若者が次々と日本からナラテボー師を訪ねてきます。この本の訳者の浦崎雅代さんも、タイ仏教に惹きつけられ、スカトー寺を訪れた一人でした。そうやって、著者と訳者は出会い、この本が生まれ、今あなたの手の上にあるのです。何という出会い、ご縁でしょうか！

この本が新たな出会いを生み出し、日本でも多くのご縁を結ぶことを願ってやみません。

「気づきの瞑想」で得た苦しまない生き方　目次

序――監修のことば　上田紀行　3

第三版序文　15

初版序文　19

第一章――事故に遭うまでの人生　25

「舟の民」として生まれて　26

辛かった寄宿舎生活　28

中学校進学　31

体育に打ち込んだ師範学校時代　33

高等専門学校卒業と教員免許取得　36
体育教師への道　39
貧しさゆえの知恵　43
憧れの「教育省体育部」へのトップ合格　46
事故の日の警告　49
人生の終わりを感じた瞬間　51

第二章——法（タンマ）との出会い　55

苦しみで体と心が締めつけられる　56
内面の拠り所を探す　60
法を学び始める　65
苦しみを失くすには修行が不可欠　73

人生を変えた師との出会い　75

第三章――気づきの瞑想の実践　85

瞑想の修行を始める　86
心に変化が起こった　96
「気づき」の本質　98
体と心の状態を観る　107
「苦しむ人」から「苦しみを観る人」へ　116

第四章――苦しまない生き方　121

開かれた神秘　122

心の障害にさようなら 125
障害をもったメリット 130
思考に惑わされない 132
すべてのなかにある法 137
実践のなかで体験した難しさ 142
最後に 151

「苦しまない生き方」に近づくための質問とその答え 153

跋——善き友との出会い プラ・ユキ・ナラテボー 202

「訳者あとがき」に代えて
なぜ今、「気づきの瞑想」をタイの仏教に学ぶのか 浦崎雅代 208

装丁　志岐デザイン事務所

第三版序文

いつも心に
法[*1]（タンマ）に基づいた
さわやかさがあれば
治る見込みのない
心の病も
乗り越えられるでしょう
体に障害を負っても
ただそれは
体だけのこと
人生最期となるその日まで

＊1　サンスクリット語のダルマ。タイ語ではタンマ。タンマという言葉は活用範囲が広く、仏教的にも、一般にも使用される。ブッダの教えを強調したい場合には「仏法」、仏教に限らない場合では「法」や「真理」、また自然の状態やプロセスとしての意味は「自然のはたらき」などと訳した。

苦しまずに
幸せが永遠に続きますように

「苦しむことなく、いのちを輝かせて生きていきたい」

きっとすべての人がこう望むでしょう。

善徳の友の会は、カンポン・トーンブンヌムさんが自らの体験を綴ったこの本を、自信をもって皆様にお勧めします。

彼は体の障害をもちながらも、心の障害を自ら乗り越えました。彼は今、生きる指針となる法を求める仲間たちに、たくさんのよき影響を与えています。

依然として苦しみに振り回されている方へ。

この本には「苦しむ人」から「苦しみを観る人」へと変わることで、新たな人生の扉を開くヒントがたくさん詰まっています。

次の言葉をあなたに贈ります。

問題は、解決するためにあり
障害は、乗り越えるためにある
苦しみは私たちの前に選択の道をせまってきます。
私たちは二つのうちどちらかを選ぶことができます。
それは苦しみの道ですか？　それとも苦しまない道ですか？

愛を込めて

善徳の友の会

人が法に添い
法が人に添うとき
結果が生じます
それは　最高のもの
すなわち　智慧です
より一層
注意深くありなさい
いつ何時でも
怠ることなく続けなさい
そうすれば
法に添った安らかな静けさが
心に広がるでしょう

タパニー　ナーコンタップ（詩人）

初版序文

人生に何が起こるかを確実に知っている人ははたしているでしょうか。

生老病死は自然[*2]のことわりであり、誰も逃れることはできません。それを口にするのはたやすいことです。

誰かが重大な問題を抱えていたとしましょう。私たちはついついその人に安易なアドバイスをしてしまいがちです。

しかしある日突然、あなた自身にひどい悪夢のような事態が訪れたら？

普通の痛みやケガではなく、全身に障害を抱えてしまったら？

頭と腕がわずかに動くだけで、自分で排泄もできなくなったとしたら？

そんなひどい出来事が起きたら、「もう私に未来はない」と思い込んでし

＊2　タイ語で自然を「タンマチャート」といい、「タンマ」すなわち法の派生語である。それゆえ自然という言葉のなかには、真理や法が内在すると考えられている。日本語での「自然」は、主に自然環境を表わすことが多いが、本書のなかの「自然」は、「あるがままの真理」という概念を含んでいる。

まうかもしれません。おそらくはこう感じるでしょう。「これから先の人生は、カルマ（業、行為）を償うためだけにあるのだ。死ぬまでただ呼吸を続け、苦しく窮屈な気持ちにたった一人で耐えていかねばならないのだ」と。

どうして私たちはそう考えるのでしょう？

そうやって人生の尻拭いをしなければならないのでしょうか？

苦しみもがき、あえぎながら、死ぬ日を待つ以外に残された道はないのでしょうか？

カンポン・トーンブンヌムさんの答えは、ノーです。

たとえ全身に障害を抱える身になっても、常に苦しみ続けなければならないことはないのです。

体に起こる苦しみは避けられなくても、心に起こる苦しみは自分で避けることができます。体にどれだけの障害を抱えていようとも、心は障害をもたずに幸せに生きる可能性があるのです。

カンポンさんは、障害者の人生がただ死ぬ日を待つだけだったり、カルマを償うためだけに呼吸をしているのではないということを証明しています。それだけではなく、新しくよきカルマを築き、これまで以上に人生をよりよく発展させることができるのです。新しきよきカルマとは瞑想に基づく修行です。

ブッダの教えられた瞑想は、性別や年齢、あるいは体の障害があるなしに関わらず、実践することができるものです。

カンポンさんは、サティパターナ（気づきの確立）を基本とした法を実践しています。高僧として有名な故ティエン・チッタスポー師の流れをくむ方法です。体の動きに気づきを伴わせることにより、思考の渦にはまり込まずにいられるようになります。

思考の起こってくる速さに追いつくことができるようになり、だんだん思考がはっきりと観えてくるようになります。やがて心のありのままの姿を観ることで、仏法の基本である三相（無常・苦・無我）を理解するまでになるのです。

同時に、体や心の状態を明晰に把握し、体と心は別ものであることの洞察を得ます。まさにそのとき、障害は体にだけあるのであって、心にはないことに気づくのです。

カンポンさんはそのときの様子について、次のように語っています。

「そのことに気づいたとき、心は障害にさよならを告げさせてもらいました。そして、別れを告げた心は気づきとともに歩み始めました」

これにより、心は体から自由となり、障害があるという理由で苦しみを負うことはなくなったのです。障害を克服しようと努めたカンポンさんは、修行を通じて新しいものの見方へと導かれたといえるでしょう。

これはカンポンさんだけの特別な経験ではなく、障害や重い病気を抱えた方だけに向けたものでもありません。人間に備わっている三十二の器官がすべて正常に機能している一般の方も、カンポンさんがこれから語る経験から得た学びを取り入れることができるでしょう。

障害をもたない人はもっている人よりも修行に取り組みやすいはずです。それなのに私たちは、体と心にとらわれ、苦しめられてはいませんか？

たとえどんな大きな苦しみに遭遇しようとも、じつのところ私たちには苦しみから自由になる可能性が開かれているのです。

この本が、皆様の今後の人生に希望を与えることを願っています。

学びと修行のための文化基金

プラ・パイサーン・ウィサーロ

（スカトー寺住職）

父に捧ぐ

この本の出版の功徳を、
私の父である故チット・トーンブンヌムに捧げます。（二〇〇一年二月五日逝去）
彼は私に、仏法の教えと実践とをつなぎ合わせる機会を与えてくれました。

そのお陰で、私は成果を得て、苦しみを消滅させる方法に出会い、
苦しみを少しずつ減らしていく道と出会うことができました。

父は寿命が尽きる最期の瞬間まで、
その身をもって修行を実践し、私のよき手本となってくれました。
ここに感謝の気持ちを捧げます。

カンポン・トーンブンヌム

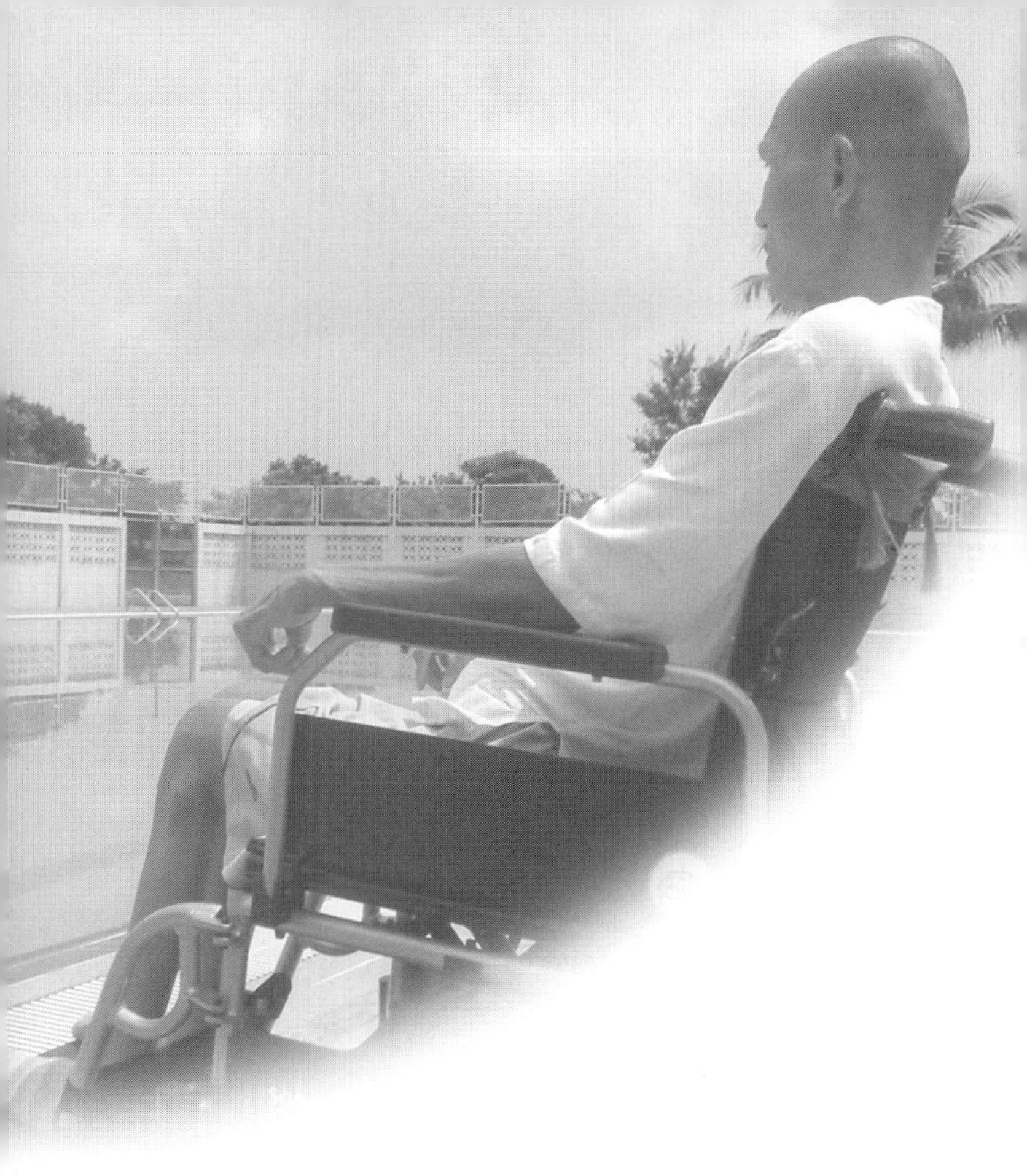

第1章

事故に遭うまでの人生

「舟の民」として生まれて

私は貧しい水上生活者、いわば舟の民の子として、一九五五年五月、ナコンサワン県で生まれました。男三人、女二人の五人兄弟の二番目です。舟のなかで生まれ育ち、私たちに持ち家はありませんでした。

私が覚えているもっとも古い記憶は舟を牽引するためのエンジン音で、両親はチャオプラヤー川の水流に乗って舟の上で日雇い労働をしていました。両親からはいつもこう聞かされていました。

「私たちは舟の民だから舟の上でずっと生活するのですよ。それはいつ死んでしまうかもわからない危険が伴うもの。激しい暴風で波にさらわれ、舟が転覆することだってある。食事だってひっくり返ってダメになることもあるんだよ」と。

当時、舟は夜中に出航することが多く、よく眠れなかったり、急いで食事を終えなくてはならなかったりと困難なことがたくさんありました。ですから両親は、子どもたちにはそのような生活はさせたくなかったようで、陸の上で生活できる職業に就かせたがっていました。

両親は舟で生活する最後の世代となりました。父は、ときどき私が寝る前に、舟の民としての生活がどれだけ大変なのかを話して聞かせてくれました。舟の操舵席に私を呼んでは、寝る間を惜しんでいろいろな話をしました。

当時、私が本当に辛いと感じていたのは、気候の寒さや冷たさではなく、勉強する機会がなかったことでした。舟の生活から脱するためには、一生懸命勉強するしかないと思っていたのです。

子どもたちは、皆、泳ぎが上手でした。もし水に落ちても、自分の命は自分で守れるように、と考えてのことでした。また、父は読み書き計算はすべてできる人でしたので、私が学校に入学する前によく教えてくれました。そのような父の教えを、私は船員養成専門の「船員学校」ではなく、「舟の学校」と呼んでいました。

辛かった寄宿舎生活

一九六二年、私が七歳のころ、舟の民の子どもには学校に行く機会がありませんでした。定住する家がなかったからです。しかし、私は幸運にも政府の「舟の民の子どものための寄宿学校」に入学することができました。

そこは教育省認可の規律正しい学校でした。名前はバーンクルアイ・サポート学校といい、ノンタブリー県バーンクルアイ郡バーンクルアイ村のチャオプラヤー川岸にあり、電気工場の隣でした。

私は父の「舟の学校」ですでに学んでおりましたので、先生の許可を受けて、一年生ではなくすぐに二年生からスタートしました。バーンクルアイ・サポート学校では、先生たちは生徒たちに、自分でできることは自分でやるよう強調して教えていました。

しかし、私はずっと学校にいることは好きではありませんでした。父と母を恋しく思っていたので、舟での生活に戻りたいと思うこともありました。毎週末、学校が休みでとくに何もすることがないと、船着場に行ってよく座っていたものです。行き交う舟を見ながら、「僕の家の舟がこの学校の前を通るのはいつかなあ」といつも思っていました。学期が終わって先生が舟に帰るのを許可してくれたとき、両親の乗る舟の帰りを今か今かと待ちわびました。私は両親と離れて暮らさなければならなかったために、寂しくて勉強はあまりよくできませんでした。

でも、自分でできることはたくさん増えました。最高学年の七年生が終わったら、私は舟に帰ろうと思っていましたが、タウィー・セーンマー校長先生の温かい配慮と協力のお陰で、それまでと同じ場所に住みながら進学させてもらうことができました。

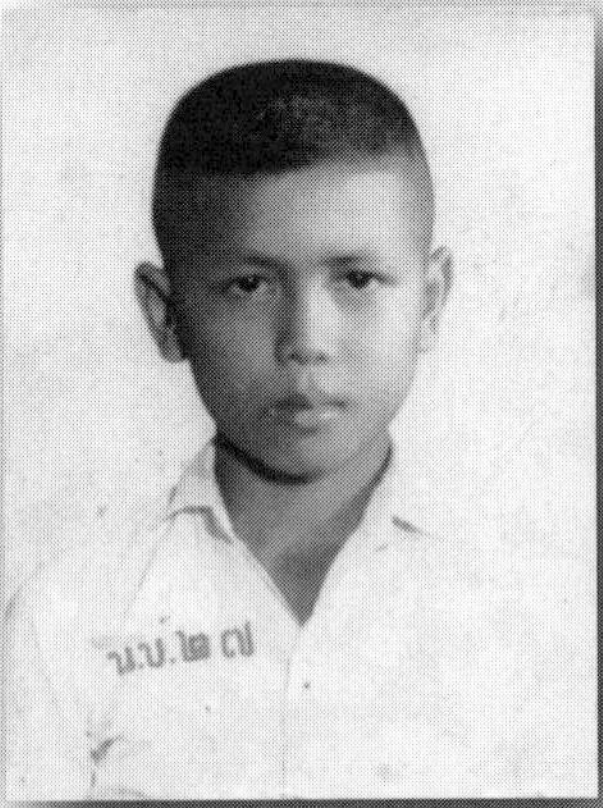

小学校卒業時(上)と
中学校卒業時の著者

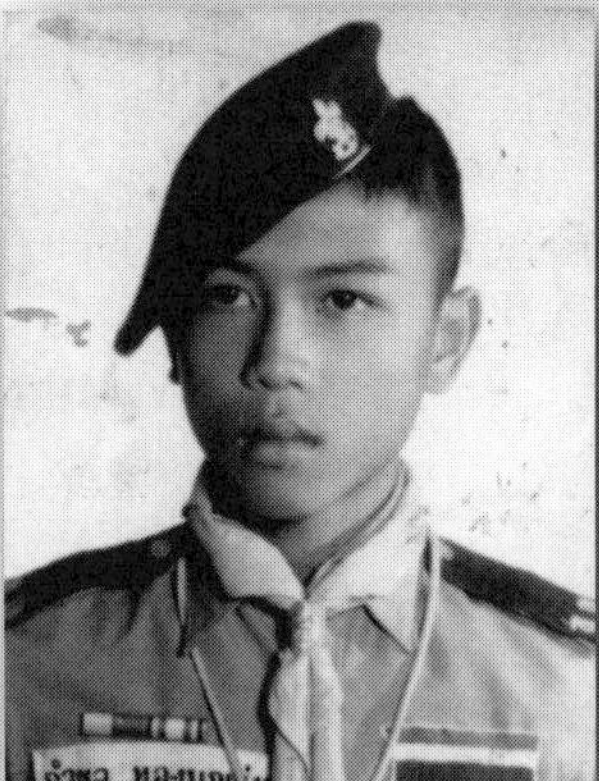

中学校進学

一九六八年、私はバーンクルアイ中学校に進学しました。学校までは四キロほどの距離があるので、朝食をとると授業に間に合わせるためにいつも急いで学校に行かなければなりませんでした。そして、いつお金が底を尽くか不安で、外食はせずに寄宿舎の夕食に間に合うよう学校から急いで帰る日が続きました。

バーンクルアイ中学校で私のもっとも好きな科目は体育でした。体育だけは絶対に休みたくありませんでした。私は学校内のサッカー選手に立候補し、ゴールキーパーになりました。放課後は毎日練習に熱中し、夕食を食べないこともあるほどでした。

私はこのように運動が大好きな生徒で、勉強はあまりできるほうではありませんでした。しかし、中学三年の期末試験では、およそ五十人中で一番になりました。点数は五十九点しかとっていないのに、です。父は不満のようでしたが、母はご褒美にと言って市場の出店で新しいズボンを買ってくれました。

その後、タウィー先生は、運動好きな私の性格を見抜いて体育高等専門学校への進学を勧めてくれました。しかし、それにはまず高校まで修了しなければなりません。そのころ高校進学はとても難しく、私は成績があまりよくなかったので、高校ではなく比較的容易に入れる師範学校に進学することにしました。

体育に打ち込んだ師範学校時代

一九七一年、私はチャンカセーム初級師範学校に入学しました。住む場所はこれまでと同じでしたが、朝早くから夜遅くまで学校があったため、寄宿舎で食事をとる時間がありませんでした。

師範学校で気をつけなければならなかったのは、お金のことでした。ちょっと気を抜いてお金を使ってしまうと、食費がなくなってしまうのでした。夕飯も自分で買わなければならなかったので、食事は飢えを満たす程度で、お腹いっぱい食べることはできませんでした。

新学期になっても、私は勉強があまりよくできませんでした。しかし、相変わらず運動はとても好きでした。毎日授業が終わるとサッカー選手など運動選手の様子を見に行っていました。

そのときは「僕も一緒になって彼らと練習したいなあ。でも僕は小柄だし、技術も比べものにならないほど低いから、きっとだめだろう」と思っていました。

「選手を職業とするためにはさまざまな条件がそろっていないといけない。でも、僕には彼らのようにはできないな」と感じていたのです。

ある日、運動場でバレーボール選手数名が練習していたのを見ていました。私のところにちょうどボールが転がってきてボールを投げ返しました。その次の日も同じようにボールを拾いました。そうしているうちに、私は球拾いで忙しいほどになっていました。

監督がコートのなかに入り、選手たちに一斉に整列するように指示しました。私は急いでボールをネットに入れ、運動場から出て行こうとしました。すると、背後から私を呼ぶ声がしたのです。

「ねえ、そこのおチビさん、行かないで一緒にこの列に入りなよ！」

女子バレーボール選手の声でした。

そのとき、私は自分が選手でもないのに列に入っていいものかどうかためらっていました。しかし監督がその様子を見ていて、列に入るよううながしてくれました。こうして私は、先輩の選手たちと一緒に毎日バレーボールの練習をさせてもらえることになったのです。

ちょうど学校で代表選手選考会があり、男子選手十二人を決める際、私も最後の十二番手のバレーボール選手として選ばれました。チャンカセーム初級師範学校のなかで、私は一番体の小さな選手でした。

在学中、勉強でわからないことがあると、サーコン・カムヌシリ先生に助けてもらいました。先生は私がいた寄宿舎の監督者でもありましたので、私が寄宿舎の後輩たちの面倒をよく見れるようにと、責任ある役を与えてくれました。

サーコン先生はまるで弟のように私をかわいがってくれ、お金が足りなくなったときには貸してくれたりもしました。しかし一番大切だったのは、先生が私の勉強をよく見てくれたことでした。

おかげで私は、チャンカセーム初級師範学校を無事修了し、上級師範学校への進学と、学校の体育選手としての推薦を受けました。しかし私は、体育学部のある高等専門学校への進学を希望していたので、その推薦を辞退しました。

高等専門学校卒業と教員免許取得

一九七三年、マハサラカム県マハサラカム体育高等専門学校に進学が決まりました。

校長のタウィー・セーンマー先生が、体育教師のシームアン先生に私のことを詳細に伝え、高等専門学校への進学の労をとってくれるよう配慮してくださったのです。

シームアン先生は女性ですが、勇敢で心温かく実行力のある先生でした。先生は私のことを自分のことのように心配してくれて、マハサラカム県まで私を連れて行ってくれたこともありました。東北部へ行ったことがなかった私はとても興奮しました。そんな遠くへ行くチャンスはこれまでありませんでしたし、そのときまで、マハサラカムがタイのどこにあるかもよく知らなかったほどですから。

体育高等専門学校時代の私は勉強がとても好きになり、よくできるようにもなりました。先生方の運動能力のレベルが高く、優秀な先生も多く感激しました。何人かの先生は、タイ・ナショナルチームのメンバーでもありました。

私はとりわけ一生懸命に学びました。何かを本当に好きになれば、よくできるようになるもので、何事も熱心に鍛錬すれば結果が出てくるのは当然のことなのです。

そこではたくさんの種類のスポーツを選ぶことができ、私は四つの種目に志願しました。バレーボール、サッカー、ホッケー、そして刀棒闘技[*3]でした。当時は水泳プールがまだなく、別の場所で練習しなければならなかったため、水泳選手へは志願しませんでした。

私は最終的にマハサラカム体育高等専門学校を卒業し、上級教員免許を取得することができました。そして推薦で進学することになったのです。

＊３　演武的性格の強いスポーツの一種で、専門的な修練を積んだ男女が、音楽伴奏に合わせ、棍棒・長棒・盾などを用いて演舞をする。

体育教師への道

一九七五年、私はバンコクにあるシーナカリンウィロート大学体育学部に入学しました。住む場所は相変わらずバーンクルアイ・サポート学校の寄宿舎でした。両親は私にできるだけ高い教育を受けさせようと、生活が苦しいにもかかわらず、何とか工面し私の学資を捻出してくれました。

当時の私は、卒業できなかったらどうしようかと心配していました。それは勉強が難しかったからではなく、経費がかさんで両親が送金に疲れてしまったらどうしようという不安からでした。

私は一層真剣に勉学に励むようになりました。食うや食わずの生活で、お腹いっぱいに食べられるときもあれば、そうでないときもあり、たまに食事をあらかじめ抜いておいて、お寺でいただくこともありました。ときどき夜

体育教師を目指した大学時代（タイの国立競技場にて）

両親とともに迎えたシーナカリンウィロート大学卒業式

遅く大学から帰ってくるので、寄宿舎の食事に間に合わないことがあったからです。

当時は、弟が寺におり、私のために食事をとっておいてくれました。弟はノンタブリー技術高等専門学校の学生で、バーンクルアイ・サポート学校のすぐ隣にある寺で寄宿生活をしていました。せっかく弟がとっておいてくれた朝食が、帰ってくる夜九時ごろになると、すえてダメになりかけているときもありました。

最終学年になると、私はスワンドゥシット師範高等専門学校に通っていた姉と一緒に暮らすようになりました。姉と私と弟の三人とも学生だったので、両親は学費の工面に一生懸命でした。

私はタイ農民銀行に学資金融資を申し入れ、就職後二年で返済することに決めました。当時、私はバレーボールとホッケー二種目の選手に志願し練習していました。本当は水泳選手にも志願したかったのですが、そこまで練習する余裕がありませんでした。

貧しさゆえの知恵

こうして、ついに私はシーナカリンウィロート大学体育学部を卒業し、教育学士（専攻：体育学、副専攻：衛生学）をいただくことができました。それは私にとっての誇りです。両親や親戚、友人一同が私の卒業を祝福してくれました。

「舟の民」がここまで学業を修めるのはまれなことでした。そして、私自身もここまで学べるとは思っていませんでした。ときには困難な苦しいこともありましたが、振り返ってみると、こうして学業を修了することができたのは、次の四つのことを大切にできたからだと思います。

一、好きなことを学べたこと
二、勉強を続けようと熱心に学んだこと
三、困難な事がらを辛抱したこと
四、貧しかったこと

とくに四番目のポイントは見落とすことができません。

私は貧しかったお陰で、よく注意してお金を使うようになりました。友だちとのつき合いでも、身の程をわきまえなければならなかったですし、いろんな問題が起こらないようにと気をつけていました。

心を惑わすようなことも避けなければなりませんでした。私たちは皆、問題を自分で引き起こしてしまいます。貧しかったことで私のなかの自制心が育っていったといえるでしょう。

このような不足だらけの状態で学ぶということは、ある意味とてもよいことでした。欠けていることが一つの歯止めになって、贅沢を当たり前にすることを防いでくれたからです。

もし、私が何でも手に入れることができたら、その便利さや心地よさを誤解し、浮かれて有頂天になってしまったかもしれません。次第に心はすさみ、生活は乱れ、学業を終えることなどできなかったかもしれません。貧しかったことに感謝しています。貧しいがゆえに私は無事に学業を修めることができました。

父は私によく「お金をお前に送金するときには二回に分けて送るよ」と言っていました。たとえば八百バーツを送る予定だとしたら、最初に五百バーツ、二回目に三百バーツ、という具合に。

私がお金を送ってとせがんだとき、父は「ちょっと待っておいで。母さんが近くの舟からお金を借りてくるからね。早く返すようにしなくっちゃ……」と言っていました。父はそうやって私たちにお金の大切さを教え、無駄遣いすることなく節約して使うことを伝えたかったのでしょう。父なりのユニークな子どものしつけでした。

憧れの「教育省体育部」へのトップ合格

一九七七年、私は就職することになり、これまでの勉強を生かして体育高等専門学校の教員になろうと学校選びに懸命でした。しかし、現在のように学校がたくさんあったわけではなく、体育高等専門学校は全国に七ケ所しかありませんでした。

当時相談に乗ってくれたのが、パイトゥーン先生でした。パイトゥーン先生は、マハサラカム体育高等専門学校のときも大学でもお世話になった先生で、親切にアドバイスをしてくださり、近くのアーントーン体育高等専門学校を勧めてくれました。

教育省体育部の入職試験の結果発表の日、私は朝早くに行って貼り出されている名簿のリストを見ました。すると私がトップに載っているではないですか！

私はほっとしたような、またはずむような気持ちで帰ってきました。ドアをどうやって開けて帰ったのかさえ覚えていません。一番で試験に通るなどということが、現実にあり得るのかと、自分にそんな可能性があったことが信じられなくて、掲示板を三度確かめに行ったほどでした。記憶にあるのはそのことだけです。

私は、教師の制服に身を包んだ自分や、生徒たちに教えている姿を想像して、「私の人生はとても幸せだ！」と誇らしい気持ちになりました。そして、仕事でもっと自分の可能性を試してみようとも思いました。

「上司や先輩の言うことをよく聞いて争わないようにしよう」

「少しでも向上するためにまじめに一生懸命やろう」

「お金を貯めて、両親が年老いたら舟から陸で生活できるように家を建てよう」

今はまだ学生の弟たちにも、「兄さんは、もうすぐ出家[*4]して、そのあと家庭をもつ予定だ」と言い聞かせておこう。当時は、そんな夢を膨らませ、あこがれいっぱいで、この幸せはいつまでも続くと思っていました。

タウィー校長先生、シームアン先生、サーコン先生、そしてパイトゥーン先生らは、私にたくさんの慈しみの気持ちを向けてくださいました。その恩を私は決して忘れません。今でも日々感謝し、先生方の支えを思い出します。

＊4　タイの男性は、一般的に結婚前に短期間出家をするのが望ましいとされている。

事故の日の警告

教師になってちょうど三年目、私は二十四歳になっていました。懸命に仕事をやっていたので、何事も順調でした。両親は私の出家の準備を進めてくれ、得度式（出家を執り行なう儀式）への招待カードを親戚一同に配っていました。両親は私によくこう言いました。

「タイの男が出家するまでには、悪魔[*5]が来て闘わなければならないことが起きるかもしれない、と言われているのだよ。好き勝手なところに行ったり、間違ったことをしたりしてはいけないよ。努めて善き行ないをしておくのだよ」と。私はその忠告を忘れずによく覚えていました。

一九七九年四月三日、出家の約二十日前に、私は友人のバイクの後部座席に乗っていました。アーントーン体育高等専門学校から出発し街に向かって

＊5　マーラといい、仏教の文脈では「善を妨げるもの」の意。仏陀が悟りを開く前、悪魔が誘惑して成道を妨げようとした逸話は有名。あらゆる悪感情や縁起の悪い状態などの化身として比喩的に使われる。

いたのですが、大通りに出ようとしたとき、車が飛び出してきて急に目の前を横切ったのです。

私は友人に、「大丈夫だよ、こんなに注意しているのだから事故なんて起こるわけないよ」と言いました。運転していた友人は、「安全第一！　そうしてりゃ、やがては上げ膳、据え膳の生活が送れるよ、きっと」と笑いながら語りました。私はそのとき、その言葉にはさほど関心をもちませんでした。そしてしばらく友人とアーントーンの街を走りました。

アーントーン病院の前をちょうど通りかかったとき、私は車椅子に乗った人と、その後ろで介助している人を見かけました。私の心のなかにこんな思いがふと浮かびました。

「この人たちもある意味では、上げ膳、据え膳で生活を送れている人たちだなあ。でも自分にはそんなことはあり得ない。自分の生活は本当にいい状態なのだし」

そのときの私は、車椅子の状態の人を目撃したことが、常に注意を怠らずに気をつけよという警告をしにやってきた、天からのお使いだとは知る由もありませんでした。

人生の終わりを感じた瞬間

その日の午後、私はバレーボールの授業のために学校に戻りました。夕方近くになると、友人の一人は夜遊び風の若い格好で遊びに行こうとしていました。私はふと両親の警告を思い出しました。

そして夕方、私は同僚を手伝いに水泳の夜間授業に行きました。飛び込みの模範を示すためです。

一回目は無事に、そして二回目も何事もなく飛び込みました。

しかし、三回目に飛び込んだとき、目標を外れてしまいました。

そのとき私は、尖《とが》った槍のように体をまっすぐに伸ばして着水したあと、頭を上げて体を水面と平行にしならなければならないところを、そのまままっすぐ体ごとプールの底に打ちつけられ、頭はさらにもう一度底に叩きつけられたのです。これが大怪我の原因でした。

全身は麻痺《まひ》して動かすことができません。体が水に沈んでいくのを感じ、泳いでいる学生に助けを求めようとしましたが、水泡が立ちのぼりうまくできません。目を大きく見開いて伝えようとしても無駄でした。でも意識ははっきりしています。

「ああ、もうこれで私の人生は確実に終わりだ……」という思いが一瞬よぎりました。

両親の顔が目に浮かび、私が死んだら両親はどんなに悲しむだろうかと思いました。私はその瞬間から、自分の命を少しでも永らえさせようと、舟の民の潜水テクニック[*6]を使って体の緊張を緩め、少しずつ水をお腹のなかにゆっくりとためていきました。

一人の学生が横を通りました。偶然にも彼の足が私の体に当たって気づいてくれたので、プールの縁に助け上げられました。私は自分の体が左右にぐらぐら揺れながら動いていく様子を感じていました。

目を開けると一瞬、エンマ大王かと思うくらいの、たくましい体をした人が目に飛び込んできました。よく見ると私を一生懸命助けようとしてくれる学生でした。

私は話そうとしましたが言葉がまったく出てきません。

「大丈夫ですか？」

彼は私に訊ねてくれましたが、私は「もう、だめだ」という意味を込めて首を横に振りました。

＊６　この方法は、水中にある酸素を体のなかに取り入れるために行なったもので、短い時間しか有効ではないという。カンポンさん曰く、息を止めておくよりはいい方法だと父親から示され実行したとのこと。

そのとき助けてくれた人たちは、私が大げさに苦しんでいると思ったかもしれません。なぜなら私の体には傷一つなかったからです。

その後、私は病院に運ばれました。

第２章

法（タンマ）との出会い

苦しみで体と心が締めつけられる

事故のあと、バンコク中央病院に入院しました。全身が麻痺し、自分では動くこともできません。ときおりほんのわずかに体の感覚がありました。

中央病院の医師は、診察のときこう言いました。

「頸椎五番の骨が脊髄の神経システムに影響して全身が麻痺しています。体を動かすことは不可能で、今後はずっと寝たきりです」

医師は、治る見込みがなく、以前のような普通の生活には決して戻れず、一生障害者として生きなければならないことを告げたのでした。

私は、頸椎六番の骨を左側の骨盤の部位に繋げる手術を受けました。そのお陰で状態は少しよくなり、力は弱いものの両腕が少し動くようになりました。しかし指先はまったく使いものになりません。私は腕を動かすことができるように練習しなければなりませんでした。挑戦するたびにがっかりしました。力がぜんぜん入りません。何もやる気が起きません。いつになったらこの手は動いてくれるのだろうと考えるばかりでした。

医師の説明では、足のほうは神経の繋ぎ目が悪く、ほんの少し動くことはあっても、自分で動かすことはできないと言われました。私はその病院に四ケ月入院し、右の足が少しだけ上げられるようになりましたが、左足にはまだ力が入りません。自分で排泄をコントロールすることもできません。医師から、これ以上の治療は不可能なので退院して家で療養し、リハビリをするように勧められたのです。

当時、私がいつも考えていたのは、今、私に起こっているすべては現実ではない、きっと悪い夢を見ているに過ぎない、ということでした。そのうち悪い夢から覚めるはずだ、とこの現実を信じられずにいました。そのときの意識は、半分寝て半分起きているようなぼんやりしたものでした。

眠っていると、普通にどこにでも遊びに行き、何でもできる夢をみました。しかし、目覚めるとどこにも行けずにただ障害者となってしまった自分がいました。眠っているときと目覚めているときと、どっちがどっちかわけがわからず戸惑いました。

私の生活は手のひらを返したように変わってしまい、その急激な変化に自分自身の気持ちがついていけませんでした。この状態を受け入れるまでに何ケ月もかかりました。

身体的な障害の状態は、当時と現在もあまり変わってはいません。両腕には力が入りませんし、両指は使いものになりません。両足も同様です。首から足までの感覚はわずかしかなく、場所によってはまったく感覚がありません。針で刺してもちっとも痛くありません。全身麻痺の状態です。

排泄も自分ではコントロールできません。私はベッドの上で一日のほとんどを過ごし、介助してくれる方がいたら車椅子に乗ることができますが、長時間は座ることができません。呼吸をするのもあまりスムーズにはいきません。それは背骨を通る神経の周辺が傷ついているからなのです。

中央病院を退院後、私は体育高等専門学校に一時滞在させてもらいました。なぜなら、当時は実家がなかったからです。両親は舟での日雇い労働があり、陸の家はありません。私が障害を負ってしまったせいで、母は私の面倒を見なければならなくなりました。そこで父は、一人で仕事を続けました。私が幸運だったのは、両親が私の支えになってくれたことです。しかし、同時に辛いことでもありました。

高等専門学校に滞在していたのは十日もなく、母は私が少しでもよくなればとさまざまな場所に連れて行きました。誰かがこの医者や薬がいいと言うとすぐに飛んで行き、ときには、一ケ所に七~八ケ月療養し続けることもありました。

あらゆるところに行きましたから、当然、お金も底を尽きます。しかし、私の状態は一向によくなりません。仕事ができなくなったため職場を去らなければならなくなりました。当時、私はこう思いました。「仕事がなくなってしまえば、私の人生はもうおしまいだ」と。

内面の拠り所を探す

教職を辞したとき、私は悔しさでいっぱいでした。自分の身に起こった過去から現在までのことを思い出したときに、これまでの人生のなかで一番今が最悪だと気づいてしまいました。苦しみに苛《さいな》まれ、心は絶望感に打ちひしがれてしまうのでした。なぜ、こんな目に遭わなければならないのだろう。せっかくいい調子で進んでいたのに……。

学校も無事に卒業できたし、やっと生計を立てられる仕事にもめぐり合ったのに。なぜ坂を転げ落ちるようにこんな目に遭わなければならないんだ。私は今や、自分自身では何もできない障害者となってしまった。トイレに行くことも、入浴も一人ではできない。車椅子に座らなければならず、ずっとベッドの上にいなければならないなんて、こんな生活なんかしたくない！こんな人生なんかいらない！

私は自分の人生に期待がもてなくなりました。先々どうやって生きていったらいいのかもわからず、締めつけられるような苦しみが体と心を苛みました。一生、障害を負っていかねばならないという現実に直面した私は、日に日に希望を失っていき、心はちりじりに乱れておかしくなりそうでした。そんなとき、「いっそこのまま気が違ってしまいたい」という思いも心をよぎりました。精神に異常をきたし、何もかもわからなくなれば、自分に起こったことすべてを忘れられるかもしれないと思ったのです。

心は悲しみでいっぱいになり、世界中に自分一人しかいないような孤独感を覚えました。心の拠り所がほしい、心底そう思いました。外側の拠り所（家族やもののサポートなど）は、十分とは言えないまでも身近にありました。でも、心のなかには何もありません。しかし、そのときはまだ辛抱し続けていましたから、このことを誰にも話せませんでした。

私は二十四歳まで普通に過ごしてきましたので、何不自由なく体を動かすことは当たり前で、永遠に変わらないと信じていました。体はそんなに簡単に壊れるものではない、ましてや自分が障害をもって生きるなんて考えられない、そう思い込んでいました。ですから、こんな体になってとても悔しいし、悲しくなりました。胸がつぶれるような気分になり、イライラし、何をやってももうできない、この弱った体以外の何もかもすべてを失くしてしまった、と感じていました。

当時、自分を慰めていた気持ちはこうでした。

「こんな状態が長く続くはずはない。人間どうせ死ぬのだ。遅くともあと五年以内には余病を併発して死んでしまうだろう。いっそのこと心も病んでしまえば、何もかもわからなくなって苦しまずに死ねるからいい」

そう考えることで、辛い気持ちを軽くしようとしていました。

私は、自分の身に起こった事故のことを思い続けました。どんなことをしても私の体はもう元には戻りません。私はどうすればいいのか？　障害を負った身でどうやって生きる意味を見出していったらいいのだろうか、と考え続けました。

もしカルマのなすがままにされてしまったなら、私は死ぬまで苦しみ続けなければなりません。もっとも大切なことは、今をどうするかということです。しかし、過去の私は大切なものが何なのかが見えませんでした。どうやればいいのかすらまったくわからなかったのです。

両親や兄弟はいつも私を励まし、親戚たちは本当によい環境を与えてくれました。それはとても重要なことで、私が障害を負いながらも日々何とか心を保っていられた理由でもあります。世話をしてくれる周りの人は私に対して、よい心の状態、すなわち慈しみの気持ちを大切にして、常に責任をもって対応してくれました。介護者がそんな心でいてくれると、私も安心できるのです。

しかし、そんななかでも私の心は依然として苦しめられていました。問題を解決するための道や知恵が尽きてしまったような気もしていました。内面の拠り所が欲しかったのです。

両親や親戚の援助は私にとって外側の援助に過ぎません。自分自身の苦しみから逃れたい、この苦しみを本当に消し去りたい。そしてその苦しみは、すぐに仏教への信仰を私に呼び起こさせました。覆い尽くされるような苦しみが起こってきたとき、内側の支えが欲しかったのです。

苦しみが長く続いて自分自身で解決ができないときには、自分だけの安易な決断に頼らず、よき仲間にまず相談したほうがいいでしょう。苦しみを消し去るヒントはそうしたなかから得られるからです。

法を学び始める

苦しみのなかにいる私をみて、両親もまた同じように苦しみを抱えていました。私は両親に一番期待されていた息子でした。普通の親なら誰しも子どもには明るい希望を託すはずですし、よき人生を望むでしょう。しかし、私はもう両親の望み通りにはいかない人生を歩まなければなりません。

ですから両親もまた大変苦しみ、その苦しみを消し去る道を模索していました。とくに父は寺や修行場でさまざまな学びの機会に接し、修行をしていました。仏法を学ぶ研修のためにあちこち訪れ、研修から帰るといつも、父はそこで手に入れた仏法の本やテープを母や私に紹介しました。行く先々で学んだ仏法の修行についての話をよく母と私に語ってくれました。こうして父の仏法講義を聞くことができたのでした。

母はとても信心深い人でしたので、父の話をよく聞き、私に「神仏をいつも心のなかに置き、息を吸うときには〝プッ〟[*7]と、吐くときには〝トー〟と言うように」と勧めました。そして母は、神仏のご加護で厄も払われるだろうと、毎日、私が幸福になるようにとの願いを込めてお経をあげてくれました。

母は私にとって最初の瞑想の先生といえました。このころはよく、「あなたは出家するために一生懸命準備をしていたじゃない。出家する機会は逃してしまったけれど、仏法は学んでいかなければならないよ。お父さんが買ってきてくれる仏教の本は読めるし、テープは聴けるのだから」と励ますので

＊7　プットーとは仏陀の呼び名の一つ。ここでは「プッ・トー」と唱えながら瞑想する方法を指す。

した。

もし私にそのような徳があるなら、悩みを深めて心乱すよりも、心を解放していきたい。結婚して身を固めることなど叶わず、何をしていいのかもわからず、ただ時間を浪費するだけならば、仏法に関心を寄せてみようと思ったのでした。

それからというもの、私も毎日仏教の本を読み、テープを聴くようになりました。しばらくすると、仏法を学ぶことの楽しさに我を忘れる思いがしてきました。その時間だけは苦しいことを忘れることができたからです。

仏法についての話を読み、聴いていると、以前よりも心の状態がよくなってきました。感情も穏やかになってきましたし、心がよくなってくるような感じ、すなわち功徳や善が増してきているように感じられて、そうなるとますます仏法が好きになっていきました。仏法の話に関係するようなことであれば、本やテープを聴くのと同じように誰の話でも一生懸命聞きました。

学者の書いた仏法の本や新聞も読んだことがありましたが、それは難しくて頭がくらくらしてきてよくわかりませんでした。私たちは自分自身にあった仏法の本を読む必要があります。そうした本を読むことで迷いの心から解放されていきます。

仏法は真の生き方について教えてくれます。苦しみについて教えてくれています。苦しみの消し方について教えてくれています。そしてどんな苦しみをも消し去ることができると教えています。私たちは仏教からその教えを理解することができるのです。しかし、私はまだ修行というものをしたことがありませんでした。

当時の私はこう誤解していたのです。

私は障害者だし、修行するのは無理だろう。だって、私にできる姿勢は寝ていることだけなのだから。座って瞑想することもできないし、立って歩行瞑想することだってできない。自分に修行は無理だ、と。

私は以前、修行を試みたことがありました。しかし、そのときはそれほど真剣に取組んではいませんでした。師もいませんでしたし、ただ「プッ・トー」と横になった姿勢で言うだけでした。呼吸に意識を向け、精神統一して〝プッ〟と言いながら吸い、〝トー〟と言いながら吐き出す。しばらくやっていると、確かに心は静かな状態になります。しかし、心が静かになると睡魔がすぐやってくるのでした。

苦しみが消滅したのは眠っているときだけでした。起きるとまた苦しみは同じように起こってきます。私の苦しみは、私自身が障害をもっていることと関係していました。自分が障害者であることに苦しみ、さまざまなことを考えてしまうのです。そして、修行を試みるたびに私は眠りに誘われていきました。

瞑想というのは眠るためにあるのだろうか？　自分の体に起こる苦しみを消滅させるためには眠りが必要なのだろうか？　という疑問さえ生じました。

いや、きっとそうではないだろう、とも思いましたが、そんなふうに考え過ぎると頭がくらくらしてきたり、イライラして憂鬱な気持ちになったりするのでした。

このように、瞑想修行によって懸命に心を静めようと精神統一をし、「プッ・トー」と言いながら修行を試みていましたが、心は一向に静かになりません。飽きてしまい、本で読んだことが何一つ得られないこともありました。私はまだ仏法をその程度しか知らなかったのです。

「プッ・トー」の瞑想法が悪いと言っているのではありません。私のような体の人に、そのようなやり方は適切ではないということです。少なくとも私には、その方法は素直に受け入れられるものではありませんでした。

自分以外の人と瞑想の修行を行なうには、静寂で落ち着いている環境で行なわなければなりません。先生や師匠といった善き仲間に出会うことも重要な事がらです。正しい修行のやり方かどうか、チェックやアドバイスが受けられるからです。そうすれば道に迷ったり誤解したりせずにすみます。

私はさらに仏法の本を読み、テープを聴き続けていました。このときも私は一生懸命でした。仏法について考えると、こんな気持ちが湧き起こりました。「私はこの瞬間にもう苦しみを消し去ったぞ、苦しみは自分の心のなかには起こってこないし、あるのは幸せと恍惚感だけだ」と。

仏法のいろいろな本の見出しに導かれて仏法についてよく考えるようになり、忘れないように記録もしました。それは、私にとって書く練習の意味も含まれていました。

もし、私がそこで真の悟りや苦しみの消滅に到達したとしたら、ただ本を読み、テープを聴き、修行せずに教えを熟考することで到達したことになります。当時私は、自分だけで悟りに至ろうとしていました。しかし、依然として本を読まないときやテープを聴かないときには、心が動揺していたのです。

それは、まだ苦しみの本質を本当に理解していなかったからでした。ただ苦しみから逃れたいだけでした。たとえれば、ヘビの姿や性質も知らずにヘビを恐れ、逃げているつもりが、じつはヘビを踏みつけてかまれてしまっているようなものだったのです。

ブッダはこう言っています。「苦しみは我々が知るに値すべきものである」と。

私は修行をしたいと思っていましたが、始めたばかりのころはまだ正しい方法に出会ってはいませんでした。

苦しみを失くすには修行が不可欠

その後、もう一度自分自身を見つめ直してみました。すると、あることに気づいたのです。私の心はまだ苦悩に満ち満ちている、ということに。たとえどんなにたくさんの本を読み、テープを聴いても、苦しみの一時的な軽減にしかなりませんでした。その期間が十六年も続き、父は相変わらず仏教の本やテープを買ってきてくれましたが、それももう本棚いっぱいになり、寝る場所もなくなるくらい部屋を埋め尽くすような有り様でした。しかし、苦しみはなおも私の心を占領し続けます。そこで私は、これは修行を実践していないからだと思うようになりました。

本には、自ら修行を実践しなければなりません、と書いてあるにも関わらず、私はただ本を読み、テープを聴いていただけで、実践をしていませんでした。そのときの私は、こんなふうにたとえることができるかもしれません。ただ家のなかで地図を開いて一歩も外に出ず、目的地にはどこにもたどり着いていない状況です。

私は瞑想の修行について考えてはいたものの、本当に始めてはいませんでした。だから初歩的な部分しか理解できなかったのです。瞑想修行についての自信はほんの少ししかありませんでした。

当時、私はアドバイスを与えてくれる師や善き仲間を求めていました。本当に修行に励んでいる人に出会いたいと思っていましたし、また私自身もそういう人になりたかったのです。しかし心のなかで起こってきていた気持ちは、またもや「障害をもった身ではそのような人たちを見つけるのは大変だろう」ということでした。普段私は家にいることしかできませんでしたし、どこかへ行くには他人の手を煩《わずら》わせなければならないのですから。

人生を変えた師との出会い

一九八二年ごろ、父は、サナームナイ寺ティエン・チッタスポー師のもとで修行をしていました。ティエン師のスタイルに添った仏法の本を読んだりテープを聴いたりしていたのです。

私もその学びを受け、体の動きを伴った気づきの高め方について学びました。それは、修行の近道であるとされていました。儀式もなく目を閉じることもありません。強調するのは、ひたすら体の動きに気づいていく。もし、思考が浮かんできたら、それを禁じてしまうのでもなく、それにとらわれるのでもなく、ただその思考に気づく、という方法でした。ティエン師は、「私のやり方通りにやっていけば、苦しみは必ず軽減していく」と自信に満ちており、私たちを修行へと誘《いざな》ってくださいました。私はこの方法に興味をもち、これなら修行ができるかもしれないと考えたのです。

ただ思考を観るだけなら、横になっていてもできます。歩く瞑想や座って瞑想をしなくてもすむのならと、横になったままの姿勢で修行してみることにしました。そうして私は自分の思考を見つめていったのです。

しかし、修行の基本に正しく基づいたものではありませんでしたので、気づきも高まってはいきませんでした。初めのころ、思考を観ているつもりが一日中考えごとに耽《ふけ》ってしまっていました。間違ったやり方をしていたので気づきは育たず、ただ迷いが増すばかりでした。こんな自己流でやっていたのでは成果が得られないと思い、師が欲しい、いったい私を導いてくださる方は誰なのだろうと思っていました。

一九八五年、年老いた父は一人で舟の仕事を続けるのが厳しくなり、舟を売って家を建てる決心をしました。ナコンサワン県のヤングカオ村で農業をすることにしたのです。こうした状況の変化を迎えたのは、舟上で父の仕事を手助けする者がいなくなったことと、より一層家族との関係を密にしたいという父の思いからでした。

ちょうどそのころ、父は瞑想修行グループのメンバーになりました。ウティチャイ・タウィーサックシリポンさんがそのグループのリーダーで、モンウィパー・キアットルータムさんが登録係をしていました。

私はモンウィパーさんに、ティエン師や彼の弟子であるルアンポー[*8]・カムキエン・スワンノー師の本やテープについて相談する手紙を書く機会を得ました。それは家にいながらできる、気づきを高める修行法について指導を乞う手紙でした。モンウィパーさんはとても親切にアドバイスしてくれ、家で修行する私をよく励ましてくれました。そしてその手紙の最後に、こう書かれてありました。「もし何か疑問に思ったときは、ルアンポー・カムキエン師にお伺いするといいよ」と。そこには師の住所（チャイヤプーム県ゲンクロー郡ターマファァイワン村のプーカオトーング寺）が書かれてありました。

＊8　ルアンポーとは、タイ語で「尊敬すべき慈父」という意味で、一般にはタイの高僧に対して用いられる敬称。

そのとき、この人こそ私の師になってくれるに違いない、と思いました。カムキエン師と出会うきっかけをつくってくださったモンウィパーさんはよきアドバイザーであり、カムキエン師とともによき師でもあったのです。

私は以前、カムキエン師の自伝を読んだことがありました。師は慈悲の心に溢れる長老で、子どもや自然を深く愛する方。とりわけ木々は心の命だとおっしゃっておられました。そして修行を通して自分の身に起こってきた経験を大切にしなさい、と強調されていました。

カムキエン師は、疑問を問い詰めることよりも、気づきを確立することに努めよ、と説かれています。師は、教科書をただ引用して示すのではなく、実践する師の後ろ姿で示しています。その姿勢に私はとても惹かれました。

確か一九九五年の七月末ごろだったと思います。私はカムキエン師の弟子に託してお手紙を差し上げました。障害を負った私にできる修行の方法を教えて欲しいという内容でした。私はほどんど横になっている姿勢しかとれな

「気づきの瞑想」の師 ルアンポー・カムキエン僧

いのです、と書きました。

当初、師からの直接の返事はあまり期待していなかったのですが、約十二日後にご本人からのお返事が届きました。温かみ溢れる言葉で、次のように書かれておりました。

私はあなたの善き仲間になれることをとても嬉しく思います。

修行に関して誤った方向に陥《おちい》らないように導くお手伝いをいたしましょう。自分自身を見つめ、感じていく瞑想のやり方をお勧めします。たとえ体が不自由で横になっていたとしても修行は可能です。

手のひらを動かしてひっくり返すときの感覚を感じて御覧なさい。知らず知らずに考え事が起こってきますが、その考えに惑わされず、体に戻るように。体がここにあることを意識して、よく注意して観るようにしましょう。これを「パーワナー（心の成長、修養、智慧の開発）」と呼びます。

パーワナーとは、気づくことに努めることで、静けさを求めるものではありません。それによって自分自身に気づくことがよくできるようになれば、迷いが少なくなり、真理が明らかになっていくでしょう。

私たちは、体と心の真実を観ることができるようになるでしょう。そのものとなるのではなく、観るものとなる。体や心に何が起ころうとも明確にそれを知る者になりましょう。

ときに幸せが起こってもそれを追う人とならず、幸せをただ感じる人となる。苦しみが起こってきても、苦しんでしまう人とならずに苦しみを観る人になるようにしましょう。

もし、飽きがきたり、息が詰まったり、腹が立ってくるような事態が起こったときでも、それに気づくことが大切です。それは心の状態なのですから。あなたがその状態そのものになる必要はありません。そうやって修行に励んで御覧なさい。

カムキエン師はこのように勇気づけてくれ、手紙は私の励みになりました。初めて本当に信頼できる師と出会い、弟子として行なう修行に私は希望を見出しました。

この出会いは、私の世界を大きく広げました。いろんな姿勢をとって瞑想ができるきっかけとなり、明らかな変化が訪れました。

それまでの私はたいてい一日中横になり過去や未来への思考にとらわれていました。暗くて苦しい道を歩いているようなものでした。

しかしカムキエン師の励ましを得て、私の心の姿勢が変わりました。動きとともに「今」にいることができるようになったのです。心が考え事にいってしまっても、体を観ることによって瞑想の感覚を得ることができます。苦しみを消し去る道であり、希望のもてる道として感じられました。これは私の人生におけるターニングポイントでした。

私が求めていた師は、カムキエン師だったのです！

私の歩む道に光が灯されました。できないと思っていた私の古い考えがすっかり変わり、「私はできる！　できるんだ！」そう確信しました。ただ「私にもできる」と思うだけでよかったんだ。そうすれば必ずできる。

私の心に勇気が湧いてきました。以前もっていた自信が再びよみがえってきたのです。この修行を続けていれば、確実に苦しみは乗り越えられる！

これまで学んだ「大四念処観」[*9]の基本からも明らかにそう思われました。また、カムキエン師が、誤った道に導かないと言ってくださったので、私は確信をもってこの道を歩む決心ができました。

＊９　気づきの確立に関する教え。以下の４つ――身（身体）、受（感受）、心（心的要素）、法（心身のプロセスと法則性）――を観察の対象とする。

第3章

気づきの瞑想の実践

瞑想の修行を始める

家のなかで新しく気づきを高める練習をし始めたころ、いくつもの課題がありました。修行のことをいつも意識して心に留めておかねばなりませんでした。古い思考のクセや習慣がまとわりついていましたので、自分のそれまでの思考に逆らって気づきを保てずに苦労しました。どうやったら常に自分自身の体の動きとともに、今・この瞬間にいられるかが大きな課題でした。体の動きに気づきを長く留めておけるよう、これまでの思考のクセに流されずにいられるように、一生懸命努力しました。

当初は、外界のものが心を邪魔するように感じられました。ときどきその外界の刺激に振り回されて苦しめられるようになりました。まずは少しでも静けさとともにいなければならない、と静かな場所を求めました。話し声やテレビ・ラジオの音、人が大勢行き交うような音が多い場所は、修行にとってよい場所とは言えないと思ったからです。

私の家には父と母と私の三人しかいませんでした。たいてい朝食を八時ごろ終えたあとは、両親は仕事のために畑におりて行きます。そのとき家には私一人です。そこから私の仕事が始まります。それは、気づきを高める心の仕事です。部屋のなかの音、カチコチとなる時計のリズムとともに手のひらを動かしながら瞑想を行ないます。

時計の音は修行にとても役立ちました。なぜなら、音に合わせて動きを伴っているとき、そこに気づきがあるならばそのリズムははっきり聞こえます。しかし、気づきを忘れてしまい、余計な思考に心がいろいろと乱されるようになると、「今・ここ」に自分自身がいなかったな、とわかります。時計の音は、心のざわめきから私を気づきへと向けさせてくれる手助けになりました。

そうして修行を始めたころ、私は横になって楽な姿勢をとり、手のひらを上にしたり、反対に下にしたりしながら、そこに気づきを伴うように努力しました。
最初のうち、動かしていたのは右手だけでした。左手はまだ力が弱く慣れていませんでしたので、右手だけを長い時間やりました。すると筋肉がこって痛みを感じ、力が弱ってきます。しかし、気づきが自分の習慣となるまで続けなければなりません。私は力がついてくるのを待ちま

した。当時寝る前にはかなり手が痛くなり、自分の手がどこにあるのかわからなくなるほどでした。

寝る前にこの動きをやりながら、そのまま眠ってしまったこともありました。寝入るまでには、右手はすっかり痛くなるのですが、痛む手の置き場に困って、ひじを立てて手をぶらぶらさせたまま眠ってしまうこともありました。

でも、初めは雑念ばかりで気づきはほとんどありませんでした。喜びの感情が生じるときもありましたし、自分の体験していることを教科書と比べて考え込んでしまうこともありました。ときには苦しみから逃れようともがいて、さらに苦しむこともありました。

これらはすべて、「今・ここ」という瞬間から心を連れ去ろうとしました。それらの雑念は、瞑想の基本を忘れさせ、多くの時間を浪費させました。これが私の瞑想実践における最初の状態でした。繰り返し、気を取り直しては最初からやり直すことが続きました。

このような状態であっても、私は諦めようとは思いませんでした。もしくじけてしまったら、前のような苦しみの状態に戻ってしまうと思ったからです。ですから一生懸命に修行し続けました。何度転んでも立ち上がり、気づきを保つよう努めました。最初の七日間はほとんど何も得られるものがありませんでした。ただ思考のほうが気づきよりも圧倒的に多いという体験だけでした。

ところがある日、瞑想を始めるに当たって、カムキエン師からのアドバイスをもう一度おさらいしようと思ったのです。そして、その教えは「まずは体の動きに気づくことに専念しなさい」というものだったことを思い出しました。

それまでの私は思考に意識が向き過ぎていて、体の動きをおざなりにしていました。それゆえ瞑想もうまくいっていなかったのだとわかりました。そこでまた一からスタートし、それからのちは思考にはとらわれないように努めました。どんな教科書でも先生でも、まずは皆こう言っています。「何であっても一時、脇に置いておきなさい」と。私はまず体の動きに気づきを留めることだけに専念し、思考には関心を払わないようにしました。

次には、体に起こってきた苦しみと同時に、飽きやすく味気ない感じ、眠気、疑念、心の内面でうるさく批判する思考などが起こってきました。今度は起こってきたこれらにとらわれなければ苦しみはなくなる、とそれらを手放しました。これらが起こってきても、つけ入る隙を与えないようすぐに体の動きへ気づきを戻しました。これが私のやり方でした。この点だけを注意して、他のことにはとらわれなくなりました。そうやってカムキエン師のアドバイスに従うようにしたのです。

体の動きに気づきが追いついてくるようになると、常に私は気づきとともにあるようでした。気づきが高まれば高まるほど、思考は減っていきます。

次第に動いているときのからだの様子が観えるようになってきたのです。

それは肉眼で見えるものではありません。しっかりと体を感じることから生じる気づきによって観えるものです。体の動きに気づきが深く入り込むように、気づきが高まっていきました。するとその時、私の状態を見守るもう一人の自分（すなわち「観る人」）が生れたのです！

私は体験しました。「今、この瞬間を摑《つか》んだ！ ついに瞑想が始まったんだ！」そう思いました。それからというもの、私は瞑想が好きになっていきました。

こうして私は、一日中気づきを高める新しい瞑想修行に夢中になりました。右手の手のひらをひっくり返すだけでは、筋肉が疲れてひどく力がなくなってくるので、ときどき左手で同じことを試してみました。最初は慣れないせいで力があまり入らなかったのですが、少しずつ力がついてきました。

この「気づきの瞑想」の方法では、体も整うようになります。体も心もともに力がついてきました。私は瞑想がやりやすい自分の姿勢、長く続けていても飽きがこない姿勢について考え、心地よくいられるよう少しずつ工夫しました。

体のなかで、動かす際に支障がなく障害を負っていない部分、あるいは、障害が少なく動かすのに適した場所はどこだろうと探しました。手を動かすことは自分自身に気づくのにふさわしい場所ですが、時間が長くなると疲れて動きも次第に少なくなってしまいます。私は自分の顔が他のどの場所よりもいいことに気づきました。たとえば頭をくねらせたり、左右に傾けたり、眉毛をもち上げたり、鼻の穴を開いたり閉じたり、耳を動かしたりするなどです。ほんのわずかな動きに対して気づきを向けるというようなことを、一日中やるようになりました。

障害を抱えた人は体の動きが制限されています。眠気が起こってきたり、強い感情や思考が浮かんだりしたとき、素早くはっきりとした気づきに戻ってこなければなりません。ときには体を動かすぞ、という強い意思をもたなければなりません。それは気づきを高める修行を意識的にするのに必要なことです。

初めは、体という場所にだけ意識を向けて、思考や感覚にはあまり意識を向けませんでした。しかし、もし思考や感覚が起こってきたら、それにも気づくようにしました。

問題を解決するのが必要な事がら、たとえば体の痛みが生じてきたときには、丁寧に注意を向けながら対応しました。そしてまた、すばやく体を通した「今・ここ」への気づきに戻ってくるよう心がけました。まだ理解できないことがあっても大丈夫、それには気をとられないで、まずはしっかりとした気づきをもとうと思いました。

ときには静けさが起こり、それに夢中になってしまうこともありました。とても心地よく何もしたくなくなります。そんなときは気づきもどこかへ飛んでしまっていて、体への気づきもなくなってしまいます。

静けさにはまり込み、体への気づきを失ってしまうと、体の動きは止まり、静けさに耽ってしまう状態に入ってしまいます。そのときは、またすぐに体の気づきに戻っていきました。こうした修行を毎日続けました。

やがて、私は過去や未来へとらわれない「今、この瞬間」にいました。心が快適になってきます。すると、気づきを高めることが楽しくなります。それは、本を読んだり仏法のテープを聴いたりするよりもはるかに味わい深いものでした。私の心は確かなありのままの状態、すなわち法と触れていました。

これは経典のなか、仏法の六つの功徳として挙げられているものの一つ、「サンティテイコー」、すなわち、仏法のよい学びは、他の誰でもない修行した本人が、その功徳を自分自身でしっかりと味わうことができるということに他なりません。

心に変化が起こった

修行について、ときどき疑問が生じ、カムキエン師に訊ねたいと思うこともありました。しかし手紙では返事が届くのに時間がかかると思い、質問せずに修行を続けていきました。そんななか、ときには自分自身で答えを見つけられるようにもなりました。

私が修行を始めてから約一ケ月後、心に変化が起こってきました。体の動きに一生懸命根《こん》を詰めて集中し過ぎるあまり、気づきが体にくっついたように感じ、非常に疲れ、頭痛がしてきたのです。このような症状が長く続くと、瞑想はそれまでのように気持ちのいいものではなくなってしまいます。

そこでもう一度、体に集中し過ぎることをやめ、少しリラックスして気づきを休ませました。体に行き過ぎていた気づきをニュートラルに戻すように心がけました。

この体験から、「心や気づきは同じだということ。そして心はただ知るという役割があるに過ぎない」と感じました。「心は体の動きの使い手なのだ！　体と心は別物だ」とはっきり観えました。体は体のうちに、心は気づきのうちにあり、それぞれ役割が違っていました。そして障害は体にあるに過ぎない！

この事実に気づいたその瞬間、心はとても自由になり、心地よさが広がってきました。体と心をはっきりと観られるようになると、それぞれが異なるものだとわかってきたのです。その気づきから、まるで私に新しい住みかが生まれたようでした。これまでの私の住みかであったのは障害をもったこの体でしたが、いまや気づきという新しい住みかを発見したのでした。

以前、軟膏の容器の蓋を開けようとして、なかなかその蓋が開けられないことがありました。しかしやっているうちに次第に慣れてきて、ある日私は蓋を摑むことができ、容器と蓋は二つに分かれ、開けることができたのです。体と心が別ものであることに気づいたとき、私は、蓋を開けたときのこの体験と似ていると思いました。

気づきが高まっていくことで、体と心のありのままの状態や特徴がはっきりと観えてきました。それは一つではなく、それぞれが別の役割を担っていることがわかってきたのでした。

「気づき」の本質

こうした気づきを得た私は、カムキエン師に再度手紙を送らなければならないと思いました。私の修行が誤った方向に向いてはいないかを確認するためです。私はこの修行によって生じた自らの気づきについて書き記し、カムキエン師にこのやり方はよいのか、そして今後どうすればよいか、という点を訊ねました。師は、再び親切にお答えくださいました。

「これまでの修行は正しく進んでいますよ。これからは体と心をしっかりと観続けていきなさい。体の行ないと心の行ない、体の苦しみと心の苦しみ、体の病と心の病を順番に観ていくこと。体の状態と心の状態をただ観ていきなさい」

カムキエン師は「その状態に同一化してしまうのではなく、観る人になりなさい」という点を強調されました。それができれば、次第に智慧が生じてきます。このカムキエン師からのお手紙は、師が外国への瞑想指導の旅に出ておられたため、しばらくたってからいただきました。

私は、体の動きを通して気づきを高め続けました。けれども、まだ思考が気づきと一緒にまとわりつき、波のように何度も絶え間なく打ち寄せては心を乱してくるのです。そのような思考の正体は、分析好きな思考として現われました。

実際、動きを伴った体は具体的なものですが、気づきや思考、心は抽象的なものです。体の動きを観るように、まだはっきりと思考を観ることは私にはできませんでした。どんな思考であれ、それは心を濁《にご》すものでした。そこで私は思考を心から切り離し、純粋な心だけを選んでおきたいと思いました。

この修行を始めるに当たり、注意を右手にもっていき、手のひらを上にしたり、下に向けたりしました。体に気づいている間は、思考がまだ生じていない状態です。しかし思考が起こってきたと気づいたら、今度は左手に意識を向けます。思考がどんな内容のものであったとしてもそのようにします。よいものも、よくないものも、満足でも不満であったとしても、それらを観察して手放してやります。

次に思考が起こってきたときには、右手を意識するようにします。それを繰り返しているうちに、気づきを中心にもっていく感覚がわかるようになってきて、体にも思考にも没入することのない気づきに安定するように努めていきました。

最初は注意深く観察していましたので、思考はあまり起こりませんでした。しかし体を長いこと観察すると、私の観察のペースを超えて思考がすばやく湧き起こります。一瞬でもうっかりしていると、思考にはまってしまうのでした。

しかし、体に気づきがあるときには思考が消え、以前のように体に意識が戻ってきます。気づきが体と思考の主人になるのです。思考は、とくに体を少し移動させるだけでどこかに消え去り、そのときにすぐまた意識を体に戻すことができます。このように、私は体をよどみなく熟練させるまで気づきを伴って観ることができるようになりました。気づきが中心になってきたのです。

ここに至ると、中道を歩むということ、すなわち二つの極端な側面に偏らないことがわかってきました。体の動きに入り込み過ぎず、思考（満足か不満か、幸か不幸かなど）に入り込み過ぎないことです。

今や私は見つけました！　苦から解放される中道の道を！

心を中道に保っていくこと。ただそれだけでした。そこは安全で、基本となる点。いのちの手綱、法の手綱はこの点にあったのです！　心のなかに拠り所を得たとき、気づきの功徳がはっきりと観えました。ただ努力を積み重ねていけば、気づきは必ずや苦から私たちを解放する乗り物になってくれるはずです。当時の心境をたとえれば、暗闇のトンネルで遠くから光が差し込んできたような気持ちでした。その光を辿っていけば、確実にこのトンネルから出られます。私は心の暗闇というトンネルから早く出られるよう修行に励みました。

私は気づきを何よりも大切に思うようになっていましたので、独り家のなかの静寂な環境で修行するよりも、外に出ていきたいと考えるようになりました。より早く成果を上げるためにも、師の近くにいたいと思うようになったのです。

もしも師が許してくれたならば、障害者でも出家を認めてもらえないだろうか、ということさえ思いました。それほど、この道こそが私の生きる道だと考えていました。苦しみのない人生、人生の本質に触れ始めていたからです。

私のさまざまな行ないが変わっていきました。依然として体の動きを見つめ続け、気づきを伴うという基本を忘れませんでした。ただ、以前とは違って、すべてのものごとに対して気づきをもつように努力しました。一挙手一投足、すべての状況に関してです。

それを眠りの時間以外、一日中行なっていました。それを家でやらなければならないということは非常に困難を伴いました。しかし、どんなに困難で

あろうとも、苦を乗り越えようと頑張りました。なぜなら、苦からの解放に命を懸けていたのですから。

修行は、朝四時に目覚めると同時に始めました。すぐに自分の体を感じます。すべての動作に気づきを向けようという意志をもちます。それを一日中続けます。ときどき気づきを忘れてしまうこともありますが、体と心の双方に気づきを向けるように努めます。とくに人と話すときなどは、よく気づきを失うことがありました。ですからあまり人と話したくなくなりました。話をしていると、今現在の気持ちが乱されるように感じたからです。それよりも自分との対話のほうが大切でした。

毎日の修行はこんな感じです。

たとえば、体をひっくり返す、毛布を折りたたむ、水を飲む、食事をする、体を拭く、排便をする、排尿をする、車椅子で行ったり来たりして動く、などの動き一つ一つに気づきを伴って行なっていくように心がけました。

なぜなら、本当の智慧はこれらの動作や一挙手一投足への気づきから生じるものであって、原因を分析するような思考のなかから生まれるものではないと知っていたからです。

私は九時に就寝するまで、昼間寝ることもなくずっと瞑想を続けました。そして、外側のことにはあまり関心をもたなくなりました。テレビも見ず、ラジオもあまり聴かず、聴くとしたら仏法に関するものでした。また、本も仏法に関するもの以外はあまり読むことはありませんでした。

ときどき、仏法のテープを聴くことはありました。これは師が遠くに離れているときのよき仲間となってくれ、気分転換にもなりました。必要である限り、対話もしました。ただし重要と思われないことは話しません。私たちはさまざまな話によって心を乱されることがあるからです。

五感の心地よさにも耽らないようにしました。たとえば、姿形や音、におい、味、皮膚感覚、考えごとなどです。というのも、このようなものは法の道を踏みはずさせる要因となり得ますし、いのちの時間を無駄に過ごすことにもなり得るからです。享楽的な事がらに我を忘れてしまうことのないように、一層努力していきました。

自分を甘やかすことは、まるで気づきを奪う泥棒を野放しにしているようなものです。私は常にこのことを肝に銘じ、自分の外側と内側にどんなことが起ころうとも、自分自身を感じていくことに戻り、そこに留まることに専念し続けました。

体と心の状態を観る

私はこうして毎日修行に取り組んでいきました。意識を集中させて注意深く気づきを保つように心がけました。触れてくるいろいろな刺激にはっきりと素早く気づき、巻き込まれていかないよう努めました。

私は体と心の門番になったようなつもりで見守り続けていきました。そうすると、さまざまな状態がはっきりと観えてきます。たとえば、体に生ずる苦しみは、いわば普段体に潜んでいて、状態として起こるものだと理解しました。つまり、体と体の状態とは違うのです。

生まれてこのかた、私は四十年以上も体に頼り続けていたのに、きちんと体を見つめることなどしたことはありませんでした。

しかし、ひとたび体に焦点を合わせたとき、私が直面したありのままの姿は「苦」そのものでした。体は病に満ちており、不浄なものでした。私は、体の本質というのは、生まれてから死ぬまで、苦痛や不快さを軽減させていくプロセスだと気づきました。

苦しみに対しては、断続的に軽減するよう働きかけなければなりません。私たちにできることは、苦しみが起こったときに、体にとらわれることのないバランスのとれた心で、それを和らげていくことなのです。

体の苦しみは、私たちではどうすることもできません。ただそれがあることに気づくことしかできないのです。私のように体に障害を抱える人にとっては、同じ姿勢をとり続けることで、さらに体の苦しみが増します。苦しみが重なってくるような感じです。

医師や看護師は、同じ姿勢を長くとり続けないようにと私に忠告していました。長時間同じ姿勢をとっていると、床ずれができてしまうからです。横になったら、ときどき斜めに傾けなくてはいけません。

できる姿勢といったら、まっすぐ寝るか少し斜めに傾けるかのどちらかだけです。まっすぐになったら、次は斜めに傾け、斜めに傾けたら、次はまっすぐになるということの繰り返しです。車椅子に座ることも短い時間しかできません。その際は他人の手助けが必要です。

このように制限された動きのなかから、体に伴った苦しみが次第によりはっきりと観えてくるようになりました。というのは、体から起こってくる自分の苦しみは自分の力で解決できるものではなく、手助けしてくれる人を待たなければならないからです。待っているそのときに、はっきりと苦しみが観えてくるのです。そしてその瞬間こそ、気づきを高めてくれる最高のチャンスであり、私自身に起こっている体の苦しみと向き合う時間なのです。

たとえば、ある姿勢をとったときの痛みや疲れ、また力が抜けて弱った状態であるのを観ることによって、その古い姿勢による苦しみをどうしたら解決できるかを考え、新しい姿勢を探さなくてはなりません。少しずつ少しずつこうして苦しみを変化させ解決していくことを、私は一生続けていくことでしょう。

体は無常であること、苦しみであること、そして無我（実体のないこと）であることを示してくれます。これは誰もが逃れることのできないことなのです。私たちは朝起きたときから体に関する苦しみの解決に当たります。たとえば、水を飲むこと、顔を洗うこと、歯を磨くこと、ご飯を食べること、排泄すること、シャワーを浴びることなど、姿勢をいろいろと変えていく動作は、眠りに落ちるまで継続的に行なわれます。このようなことをしないでいることはできません。これら一つ一つは、苦しみを解決するためになされているものばかりです。

しかし、私たちはときどき、自分自身で問題を解決できない場合がありま
す。他人の助けを必要とするときです。私のような体をもつ者にとってはよけいにそうです。

体内のさまざまな感覚を感じる神経細胞が影響を被《こうむ》ってしまっているため、感覚は麻痺してしまっていて、ほとんど全身が不随状態になっています。これは医者に治してもらうことはできません。それに対しては、ただこういう状態であるということに気づくのみなのです。

このような解決不能なものについては、それを解決しようとする必要はありません。また、体の動きが制限されると、さまざまな別の病気も引き起こされます。たとえば胃腸や排泄、血液の循環、呼吸器に関する疾病などです。

私は、自分の体の本当の状態に気づくことができました。すべては「無常・苦・無我」の三相であることを。何一つとっても永久不変のものはなく、遅かれ早かれ形を変えていくのです。

私たちがそういう姿になりたくないとどんなに思っても、思い通りにはならず、ただ自然の摂理にしたがって変化していってしまうのです。このような体に関した苦しみやさまざまな病を、何度も繰り返し観察し続けていったとき、智慧が生じ、体に関する自然の摂理をはっきりと観ることができるようになりました。

体の障害をもつ私はなおさらそれらがはっきりと観え、さらに体を厭《いと》う気持ちが強まり、体にはまり込んでいたくはなくなりました。自分自身を体から解放して気づきのほうにシフトしていきました。すなわち私は、障害をもった体を観る人となり、障害者ではなくなりました。体を使ってできることをただやっていけばいいのだと気づきました。

たったこれだけのことに気づいただけで、私の心は安定し、さまざまな症状から自由になることができました。これが解放の道でした。すなわち中道です。気づきとともにいながら体を観察するということでした。

心に関しても、さまざまな状態を経験しました。体に関することよりもさらに細かいことが起こってきていました。気づきをもって心のさまざまな状態（たとえば、満足感、不満、疑問、眠気、さまざまな思考など）を観察し、理解するプロセスを経たとき、これらは心そのものではなく、心というスペースに生じてくる単なる状態だと気がつきました。

とりわけ思考はとても重要です。気づきを高める修行をする人にとっての宿敵です。とくに無自覚な思考は突然心に起こってきます。

過去や未来へと飛び交う思考というのは、たとえれば古顔の客人のようなものです。それは私たちの心を欺《あざむ》こうと機会をうかがっています。以前は、この種の思考についていってしまったものでした。彼は私を巻き込んで一緒に考え込ませようとします。そうやって思考にはまり込むと、平常心ではいられなくなってしまうのです。

とくに体に障害がある身では切実にわかることでしょう。体はベッドの上にいるだけなのに、心はどこにでも飛んでいきます。過去のことをとりとめもなく考え、未来のことを思って時空をさ迷い続けてしまうのでした。考え過ぎるあまりに眠れなくなり、頭痛がし、危うく精神がおかしくなりそうでした。

私は以前こうした思考にとらわれ、とても苦しんでいました。しかし気づきを高める練習を始めてから、気づきを自分自身に向けるということが次第にわかってきました。気づきが高まってくることにより、今を生きられるようになり、それによって苦を観察することができ、無意識な思考の危険性を観られるようになったのです。

このような思考が起こってきたときは、それを解決しようと考え込む必要はありません。それに気づいたらすぐに手放していけばいいだけです。なぜならそれは苦しみを生じさせる原因であるからです。苦しみにこりたら、思考に注意を払い、それに追いつく努力をしていかなければなりません。

同時に体への気づきの訓練を始めるとまもなく、突然思考はぱっと現われてくることでしょう。自分が意図しなくても思考は起こります。その思考に気づいたとき、それに関心を払わず、気にかけず、ただその思考を手放し、体の動きに戻るならば思考は自然と消え去っていきます。

思考もまた無常であり、ずっと同じ状態ではありませんし、完全にコントロールすることは誰にもできません。気づきによって、思考は本当の自分自身ではない、ということが見えてくるようになります。それらは幻想であり、何度も繰り返し姿を変えては現われる心の状態に過ぎないと観えたとき、思考に惑わされることはなくなります。しっかりとした気づきをもって心がその思考から離れていくのを感じると、その思考に関心がなくなり、思考に力をもたせずにいられるようになります。心がもたらすさまざまな状態にとらわれることがなければ、心に安全な状態が生まれてきます。それは体の動きに戻っていくことにより生じる中道です。

基本は体を観ることによって、心に生じるさまざまな状態から自由になることです。こうした修行を重ねることで、気づきの力はどんどん増していきました。

「苦しむ人」から「苦しみを観る人」へ

何度も何度も体と心の状態に気づくという作業を続けていると、気づきの力が増し、体と心のさまざまな状態を上から見守っている意識になってきます。つまり、ただありのままに観ることができるようになり、どんな心の状態が生じてもそれを問題としなくなってきました。すると、以前のように心を重荷として見る必要がなくなります。気づきと心身の関係は、すごく慣れ親しんでいて、お互いを邪魔し合うようなことはなくなります。体と心の状態は、ただ単に、自然に起こっては消えていくものでした。そして私たちに課せられていることは、その状態をただ観ていくことだとわかってきます。

修行を始めた当初、私の気づきが弱くて瞑想がスムーズにいかなかったころには、修行というのは、全力で危険を回避したり、問題がある状態をいちいち解決しなければならないものでした。しかし、経験や修行を積み重ねるにつれ、徐々にそのようなことは必要がなくなっていきました。

ただ気づきを保ち続けていれば、体や心、つまり目、耳、舌などに何が起こってもまたすぐ気づきに立ち戻れるようになってきました。心地よく観察できるようになり、心は自由で平常になっていきました。以前私を悩ませていたさまざまな現象がただ外側で起こり、心には届いてこないようになりました。心は安定し、穏やかで統一してきました。平安さを新しい心のありかにできるようになったのです。

このようなことをさらに熱心に続け、熟練するくらいに至ると、さらに大きく広い居場所ができたように感じました。とても気持ちよく安らげる場所です。それは内面に真の拠り所をもつということであり、すなわち永遠の聖なる財産を手に入れるようなものです。

これを機械エンジンのボールベアリングにたとえてみましょう。内側と外側とに二つの輪があります。内側の輪を掴むと外側の輪は円を描いて回転します。しかし、そのようにしても内側の輪は動かないままでありながら、外側の輪は回転することができるのです。

私はカムキエン師が何度もおっしゃっていた言葉を思い出しました。師はいつも法について教えを授けるとき、「観る人になりなさい、その状態に同一化してしまわないように」とおっしゃいました。この言葉を基本に据えていると、修行に対する自信が出てきて、「私は誤った道を歩んではいない、この道は苦しみを乗り越えられる道だ」と確信するようになりました。

体と心に気づいている瞬間を観察してみたことがありました。気づいているときには苦しみは起こってきませんでした。心は平静で心地よく、自由でした。気づきがあるときはいつでも同じでした。

師が教えてくださったある言葉が思い出されました。

「苦しみの生ずるところに、不苦の状態がある」

この言葉を以前聞いたとき、私にはまだ理解できませんでした。今のこの苦しみが、今、この瞬間に、この場所で、どうやったら直ちに消失していくというのだろうか。そんなことがあり得るのだろうか、と疑念を抱いたものでした。しかし修行を積み、ここに至って自ら解答が得られました。

苦しみが生じるとき、苦しみそれ自身になってしまっていたのでした。苦しみがなくなる瞬間というのは、苦しみを「観る」人になっています。もはやそのとき、私たちは「苦しむ人」ではないのです。

ですから、苦しみをなくすポイントは「苦しみを観る人になる」ということです。私は、このときから自信をもって辛抱強く観る人になるよう精進しました。自分のなかに何が起ころうとも、すぐに観ることを基盤においていきました。

するると、以前本で読んだりテープで聴いた仏法のことが一層よくわかるようになってきました。心に引っかかっていた事がらもはっきりと理解できるようになってきたのでした。こうして修行を続け、関心をもってたゆまず探求し続けていくことを自らの仕事としようと考えるようになったのです。

普通の人は仕事をもっていますが、私はもう失業者になってしまいました。気づきを高めることが、私の仕事になりました。たとえ何が起ころうとも、この一瞬一瞬に気づき続け、全力を尽くして瞑想の腕前を上げていこうと思います。そして、死に至る前に苦しみからの完全な解放に至れるよう、残りの人生を捧げようと決心しました。

第４章

苦しまない生き方

開かれた神秘

修行によって智慧が生まれるようになると、私たちの体と心にさまざまなことが生じてきます。何もそれは、特殊な色や光をどこか外側に見たりするようなことではなく、体と心を絶えず見守る作業から生じてくる智慧です。

体のありのままの自然は一つの様式をもち、心または思考のありのままの自然も一つの様式をもち、気づきのありのままの自然もまた一つの様式をもっています。それらはお互いに異なった様式です。

とくに気づきというのは、思考でもなく体でもありませんが、体に住していいます。気づきは体から離れて自由になることができます。体、心または思考、気づき、この三つを繰り返し観察していくことを通して、体も心も無常であり、無我（実体がない）であることを知ります。

体と心は神秘に満ちた自然です。「気づきの瞑想」によって神秘が開かれていきます。体と心についての隠されていた秘密が掘り起こされ、法の三相（無常・苦・無我）がしっかりと観えるようになるのです。体と心を教科書にして、気づきを通して人生を学んでいくのです。

人生についての学びというのは「今・ここ」の自分自身の体と心から学ぶのであって、決して本から得られるものではありません。たとえどんな教科書であっても真実に出会うことはできません。自分自身の体と心から学んだときに、自分がよく観えるようになり、はっきりと自己を知ることができるようになるのです。人生は変化し、古い習慣から脱皮して、新しい習慣がつくられていくようになります。

古い習慣というのは、たとえば、感情や思考のなすがままに自分がしてしまいがちな行ない、口にしがちな言葉、考えがちな思考などです。すなわち、感情や思考に引っぱられて、ついついしなくてもいいことをしてしまったり、言わなくてもいいことを言ってしまったりして後悔するというように、同じ過ちを何度も繰り返してしまうということです。しかし、何かを行なったり、話したり、考えたりする前にしっかりと気づき、自覚的になったら人生は変わってきます。

とりとめのない自分の思考に自分自身が振り回されることなく、智慧の伴った思考を生み出し、その思考を使っていくことができるようになります。人生に振り回されるのではなく、私たち自身が人生を創造できる人に変わります。運命に身を任せ翻弄される人生ではなく、気づきが自分の人生を計画し、描いていけるようになります。そうすると自由になり、迷い道にはまり込んでしまうことはなくなっていきます。人生は明るくなり、新しい人生へと変化していくのです。これは心の変化であり、体の変化ではありません。医者は障害をもった私の体を普通の状態へ戻すことはできませんでした。しかし、私の心のほうはどんどん変化していきました。さて、どうやって変化していったのでしょう……。

心の障害にさようなら

気づきの力がついてきたことにより約一ケ月後、体と心についての理解が深まってきました。体は体であり、心は心であるということも、よりはっきりと観えてくるようになりました。体は心ではなく、心は体ではない。ともにありながらもそれぞれが異なった姿や働きをもち、異なった役割を担っている別物だと見分けることができるようになったのです。

この気づきが起こったとき、心は障害にさよならを告げさせてもらいました。そして、別れを告げた心は気づきとともに歩み始めました。それにより、障害を体の側だけに担わせることができ、心は体の状態から自由になったのでした。

心の役割は、観察する、または何が起こっているのかありのままを知ることだけです。重荷を背負ったり、障害を背負ったりする必要はありません。障害は棺桶に入るその日まで、ずっと体に預けておけばいいだけです。

心をしっかりと観ることによって、障害から自由になる権利をも得たのでした。私は生まれ変わることができました。障害を負った心から、障害のない心へ。苦しみの多い心から、苦しみのない心へと変化することができました。

それは体の変化ではなく、心の変化でした。気づきが私を生まれ変わらせてくれたのです。

気づきを高める訓練を始めて五年目[*10]に入ったころには、修行がよどみなく

＊10　2000 年頃

進み、気づきがどんどん発展していくのが感じられました。私は一日中、自分のあらゆる姿勢に気づきを向けるよう努力しました。しかし、意のままにはなかなかいきませんでした。感情や思考にうっかりとらわれてしまい、気づきを失ってしまっていることもありました。そこで再び意を決し、気づきを高めるために懸命に取り組みました。気づきを忘れてしまうことがありましたが、より素早く気づきに戻ってくるようにしました。修行を始めたころには、気づきを忘れるとがっくりきてしまったり、自分を責めたり裁いたりして、長い時間費やしてしまっていました。

しかし今は、たとえ気づきを忘れてさまざまな感情と思考にくっついていってしまっても、すぐにそれに気づいて手放し、「今・ここ」に立ち戻ってくることができるようになりました。がっかりしたり、自分を責めてみたりというように、思考に思考を重ねて時間を無駄にすることがなくなりました。何が起ころうとも手放していく。過去を手放していくことです。新しくただ

気づいていくことを続けていくだけです。それが自分の習慣になるまで築いていきました。
　このような努力の結果、私の心の姿勢は変化していきました。それはまるで古いレンズから新しいレンズに変わり、視界がよりはっきり鮮明になってきたような感覚でした。
　日一日過ぎゆく人生において、さまざまな出来事が私の内側でも外側でも生じてきます。もし必要とあらば、気づきをもってそのことに関わります。しかし必要としない事がら、とくに無駄なことや気づきがおろそかになるようなことであれば、それを回避するように努めます。

そして、苦しみを減らすような事がらでないときにも、それに関わらないようにします。私の役割は、自分自身に気づき、ひたすら「今・ここ」にいることなのです。外側のことに関してあまりがむしゃらにならないようにしました。

心がさまざまな対象に触れ、好き嫌いの感情が湧き起こってきたら、それらも学びの材料にしてしまいます。つまり気づきをもってそれに注目することによって、その感情をしっかりと味わい、法の理解の糧としてしまうのです。すなわち、それらの感情も私たちに智慧を与えてくれるものとなるのです。

私の任務は、心がどんなものであり、どんな働きをするのかと学び、調査していくことです。何か出来事に出会い、心が好き嫌いという感覚で揺り動かされてしまうようであれば、まだ試験に合格していません。このように自分自身で評価することができるのです。

障害をもったメリット

最初のころ、私は気づきを高める修行をする上で、自分が障害をもっていることが大きなハンディになるだろうと思っていました。しかし実際に修行をしてみると、それはハンディにならないことがわかりました。それどころか、その障害のお陰で一層熱心に修行に邁進することができたのです。障害をもつ身という重荷からできるだけ早く脱しようと努めたからです。

私の身に起こった苦しみは、修行という道に私を導いてくれる通行許可書のようなものでした。もし、私に苦しみが何も起こらなかったら、仏道に関わろうとはしなかったでしょう。苦しみがなければ、仏道など必要とすることはなかったでしょう。この苦しみから早く解放されたいという思いが、仏道修行に対する強い熱意を生じさせてくれました。

また、苦しみは瞑想において重要な観察の対象となります。これも苦しみのメリットとみなせましょう。すなわち、気づきを高める修行をしているときに、体や心の苦しみが生じてきたら、その苦しみの状態を見つめ、学びの機会としてしまうのです。苦しみの種類やその働きはどのようなものだろう。そしてそれらはどこに生じているのだろう。苦しんでいる者とは、じつのところ一体誰なのだろう。ということを見極めていくのです。

もし苦しみに入り込んで苦しむ者になってしまったら、試験にはまだ不合格です。苦しみを観ることはすなわち法を観ることであり、法を観ることはすなわち苦しみを観ることに他なりません。

ブッダはこうお説きになりました。「苦しみは知るに値するものである」と。すなわち苦しみさんは私たちに智慧を授けんがために現われてくるということですよ。

思考に惑わされない

修行を始めたころ、私はさまざまな問題を抱え苦しんでいましたが、その原因の一つが思考でした。思考に実体はないのですが、とても大きな力をもっています。人生の監督者のように、私を引っぱり回していたのです。無意識のうちに心にふっと湧き起こり、これが欲しい、あれが欲しいと考え出します。このような思考にはまり込んで、苦しみに陥っていたのでした。

➡であって、2つは別ものでありながら同じ場所で起こっている。思考が起こらない心、というのは映画が映っていないスクリーンのような状態である。

気づきをもって自覚的に思考を観察することができるようになってからは、思考もまた私にさまざまな智慧をもたらしてくれました。思考とは心の現象の一つですが、心そのものではありません。心は心、思考は思考、この二つ[*11]は別のものですが、同じ場所で起こります。

通常、始めに思考ありきではありません。そこには空っぽの心が思考に先んじて存在します。そこへ客人のように思考がその空間にやってきます。そしてしばらくするとそこからまた去っていくのです。これが思考の消滅という現象です。私たちは体の動きへの気づきを保ちながら、ただその様子を眺めていればいいのです。

このような修行は、いわば思考そのものに心を占領されることのないようにする修行です。たとえば、私は障害者として車椅子に乗っています。ある人がそんな私の姿を見たとしましょう。その人は私の前を通り過ぎます。もうすでに私が座っていますから、この車椅子に座ることはしません。もし誰

＊11　心を映画のスクリーンに、思考を映画のなかの物語にたとえてみます。スクリーンは映画を映す器であって映画の内容とは別ものである。しかし映画を見る際には、スクリーンがなければ見ることはできないので、これら2つは同じ場所にあると表現することができる。このように心は思考の器➚

かが来て、車椅子に座っている私の上に座ろうとしたら、座らないようにと注意することができます。心も同様です。

しっかりと気づきを保っているとき、思考で心が占領されてしまうことはありません。しかし、うっかりして気づきを忘れてしまい、思考で心が占領されてしまうこともあります。そんなときにはまた気づきを取り戻し、思考の奴隷状態から心を解放させてあげればよいのです。それによって心は濁らずに、自由で心地よくなっていきます。

一生懸命修行に励んでいる人からよくこんな言葉が発せられます。「思考が絶えず私の瞑想を邪魔しに来るのです」と。しかし、よく観察してみたとき、事実はどうでしょう。誰が誰の邪魔をしているのでしょうか。じつは私たちのほうが思考の邪魔をしているのではないでしょうか。なぜなら、思考そのものは自然の摂理にしたがってただ起こってくるものだからです。思考を禁じることもできませんし、自分の気に入る思考だけを起こすようなこともできません。気に入らない思考を起こさないようにすることもまた不可能です。思考そのものは、私たちがコントロールできないものなのです。思考がまったく起こらない人とは、すなわち死んだ人です。

したがって、私たちは修行の際、思考に注意を向けずに、ただ、体の動きに気づきを向けていくことが肝要です。これを車の運転にたとえれば、思考側の車線に飛び出さないようにするということです。思考を禁止することも、思考にとらわれることも、思考の邪魔をしているのと同じことです。それゆえ私たちは、苦しみに陥ってしまうのです。苦しみは思考のせいではなく、自分自身のそのような行為の結果とみなせましょう。

もし思考がどんどん起こってくるようであれば、それもいいでしょう。それらの思考を観察対象とし、気づきをもって見つめていきましょう。そうすれば思考というものの姿とその働きについての理解が深まっていくでしょう。しかし、その際、思考にはまってしまったり、思考にとらわれていってしまったら、試験に不合格です。もし、思考を観察でき、心を気づきに立ち戻らせたなら、試験に合格です。

思考さんは、このように私たちに智慧まで授けにわざわざやってきてくれるのですよ。ブッダは、静けさによって悟りを得たのでも、特殊な色や光を見て悟りを得たのでもなく、思考そのものを明晰に観ることによって悟りを開いたのです。

修行のときに起こってくる心の静けさに、私たちはとらわれてしまいがちです。そしてその結果、怠惰になってしまい、気づきを高める努力をやめてしまうことがよくあります。しかしそれでは智慧は起こってきません。すなわち、何も知ることはできません。静けさにとらわれてしまったら、心に静けさがないときはいつでも苦しんでしまいます。なぜなら、心の静けさも無常だからです。

仏教ではこう教えています。

「静けさからも離れなさい。そしてただそれに気づいていなさい。静けさにさえも執着してはなりません。静けさを超越しなさい。それが永遠の安らぎ（涅槃）なのです」

ブッダが尼連禅河の川岸にある菩提樹の木の下に坐し、瞑想に励んでいたとき、思考の姿をした貪欲《とんよく》が舞い込んできました。ブッダの心のなかに家をつくり、その主になりたいがためでした。しかし、ブッダはその思考の正体を見抜きました。そして、ブッダはついに悟りを開かれたのです。

すべてのなかにある法

私の身に生じたさまざまな現象、すなわち苦しみも、そして思考もすべてが学びの糧となってくれました。修行のための観察対象になってくれて、私に法の理解を促《うなが》し、智慧を授けてくれました。それらは私の心を試すための試験で、私はその課題に取り組ませてもらったわけです。

私はときどきその試験に落ちてしまいました。しかし、それ自体がまた学びのよき体験となりました。こうした体験によって私の心は鍛えられ、強くなっていきました。試験に通ったり、また落ちたりしているうちに、長い月日は経ち、気がついてみるとまるで影が体に常に従っているかのごとくに、気づきを自分の体につなげておくことができるようになってきたのです。試行錯誤しながらも、修行によって自ら体験的に気づきの価値を知り、そしてこの気づきを高める修行により、心に確固とした拠り所を築くことができたのです。

それは、心の治療をしてくれる薬のようなものです。人生において苦しみや問題を抱えたときには、必ずこの薬を使うでしょう。自分自身に起こることを学びとし、修行を続けていくでしょう。自然の理に適った行ないをすることで、問題の多い人生から、よりよい人生を送ることができるようになります。

気づきによって、体へのとらわれがなくなり、心が自由になります。体はもはや心のお荷物ではありません。

気づきによって、思考は制御され、濁った思考や正常さを失わせるような思考に心が占領されることはなくなります。

気づきによって、憂鬱な気分が一掃され、曇りのない心が得られます。

気づきによって、自分の人生をよりよく選択することが日々できるようになるでしょう。

ブッタがよく用いた言葉のなかに、「気づきを保つ者は、日々向上していく」とありますが、それは、誰でも「気づきの瞑想」をすれば、人生がよりよくなっていくことを示しています。私自身も気づきの瞑想によって人生が本当によくなってきましたし、修行すればするほど現象がよく見えるようになってきたのです。自分自身に気づいていくことは、仏道修行のなかでも最高のものでしょう。これは至高の拠り所です。私の人生の柱となっているのはもちろん「気づき」なのです。障害のある私の身にどのような苦しみが生じてきても、気づきによってその苦しみを乗り越えられると確信しています。

事故によって私は体に障害を負い、自分でできないことが多くなり、いつも他者の世話にならなければいけなくなりましたが、それは体に限ったことであり、心に関しては誰の手助けも借りる必要はありません。私は自分で自分自身の心をケアすることができるようになりました。

「気づきの瞑想」のお陰で、自らの心を拠り所とすることができるようになったのです。

幸運なことに、私は人間として生まれることができ、仏教に出会いました。両親や兄弟、親戚に囲まれ、よい環境に恵まれました。そして、それ以上に幸運だったのが、ティエン・チッタスポー師によって編み出された「気づきの瞑想」に出会えたことです。そして彼の弟子であるカムキエン・スワンノー師が私の師として、修行に関してアドバイスをくださったことです。

この修行に取り組み、私はじつに大きな成果を得ることができました。自らの苦しみを消す道に出会えたのです。そして修行に励み、あれほどの大きな苦しみが消滅していったのです。

今日の私があるのも、これまでに援助くださった多くの方々、そして今も支えてくださっている皆さまのお陰です。これからも一生懸命修行に励み、それらの恩に報いたいと思っています。仏教が教える崇高な美徳に適った心になるよう、修行に努めてまいります。そして、師の教えを受け継ぎ、苦しみを抱えている方々にこの「気づきの瞑想」を紹介することで、苦しみから自由になれることをお伝えしていきたいのです。すべての人が当たり前のように抱えている「生・老・病・死」の苦しみについて、それを乗り越える心のあり方を伝えるため、私は喜んで、同じ仲間として善き縁になれたらと思っています。

実践のなかで体験した難しさ

私が修行を始めた一九九五年から一九九九年までの約三年間で感じた、実践のなかで困難だと思ったことについて次のようにまとめてみました。

1、動作・姿勢

体に障害をもっている私のような人が修行をする際の動作や姿勢は確かに問題ですが、できる範囲でいろいろと工夫することができました。まだ動かせる部分を用いて、気づきを高めていく修行をすることは十分に可能だったからです。

座ること、立つこと、歩くことなどはできませんでしたので、たいてい横になった姿勢で瞑想を行ないました。仰向けに寝て手のひらを上にしたり下にしたりする動作を長く続けていると、筋肉の疲れがたまってこってしまいました。そのときには、他の部分を動かして瞑想を続けました。

同じ姿勢を長く行なっていると、注意力がぼやけてしまうことがありました。そんなときは、はっきりとした気づきを保つために他の動作に変えてみました。眠気やごちゃごちゃした考えが心を覆うときもありましたが、そのときは心と感情を切り離すよう努めました。ときには、体を斜めに傾けたり、左右に動かしたりして、その動作に気づくようにしました。姿勢を変えても、心と感情を引き離すことができないときもありました。そんなときには、体を動かす速度を速くしたり、力を込めてみたりして、気づきをはっきりさせることによって感情から心を引き離すことができました。

私の場合、動かせる体の部分は少なく、動作にも制限がありましたので、瞑想を行なうに当たっては、状況に合わせていろいろな工夫をして取り組みました。

2、体に起こる感覚の苦しみ

体に障害をもつ人は他の症状も併発しやすく、私の場合、体のしびれや腹痛、消化不良、胸焼け、そして熱い日には無性に水が飲みたくなるなどの症状が起こってきました。このような症状は確かに瞑想の妨げになったといえるでしょう。

なぜなら、このような体の苦しみが生じたとき、薬を飲んでも症状が緩和しないことがよくあったからです。そんなときには気づきを高める修行と同時に、忍耐力を高める修行を積んでいるんだとみなしました。とくに痛みが激しいときには、症状が回復するまで少し休み、回復したらまた始めるというようにしました。

3、いろいろな外部刺激

お寺のような環境ではなく家で瞑想していると、視野に入ってくるものや耳に入ってくる音などたくさんの外部刺激に触れざるを得ません。それらは瞑想の妨げになるように感じ、ついイライラしてしまいがちです。またイライラすればするほど、気づきは明晰でなくなってしまったり、気づきを失ってしまいがちです。したがって、そのような外部のものにはあまり注意を払わずに、ただ体に戻ってくることがポイントになります。

また、ときには人が訪れてくることもあります。そのときには話をしなければならず、それゆえ独りの静かな修行をいったん停止しなければなりません。人と話をしているときには、「今・ここ」への気づきがおろそかになってしまいがちです。そのため気づきを高める修行の妨げとなってしまうこともあります。このような場合、独りになれるまで待つことも必要でしょう。静かな場所、それは気づきを高める修行にもってこいの環境です。家のなかで一番静かで落ち着ける場所を見つけたり、あるいはそんな環境をつくってみたりすることも必要でしょう。しかし長らく修行を続けていくと、気づきの力も次第に増し、どんな外界からの刺激にも、とらわれたり心乱されることはおのずとなくなってきます。そうなれば、私たちはこの外部刺激という課題を乗り越えたことになるのです。

4、思考

思考そのものが障害であるということではありません。思考は苦からのすみやかな解放という目的を果たすために役立ちます。しかし、「〜したい」という思考に執着すること、たとえば「静かに修行したいのに家族がいて邪魔だ。家を出て師のもとで過ごしたい」などと考えたり、「一緒に修行してくれる仲間が欲しい。よき環境が欲しい。毎日気づきを高める生活をしている人や、日常で生かしている人と出会いたい。平安な心をもった人と、交流を深めたい」など、これら、一見よさそうに見える思考であっても、とらわれたときには苦しみにもがく結果をもたらします。

このことを要約したのが「求不得苦」、すなわち、求めても得られないのは「苦」であるという言葉です。

たとえよき思い、あるいは前向きな思考であっても、その思いは心の一現象に過ぎず、心そのものではありません。自然の摂理にしたがって生じ、形成されていくのです。その思考に気づき、ただ見守っていればいいのです。それによってこの思考という課題を乗り越えることができるのです。

5、眠気

眠気に関する問題は、修行を志すほとんどすべての方が思い当たるものでしょう。

とくに私は修行初心者で、しかも横になった姿勢でしたからなおさらでした。横になったままの姿勢は、まるで「どうぞお眠りなさい」と言われているようなものでした。通常の眠気に対する対策といえば、「姿勢を変えてみなさい。歩行瞑想をしてみなさい。顔を洗ったり水浴びをしてみなさい」というものです。

しかし、私の場合はただ体を左右に傾けることができるだけ、ほんのわずかな動きしかとれません。それでは眠気に打ち克てないときもあったので、眠気を覚ますために自分なりのテクニックを考えました。たとえば、眠くなったときに、水を口のなかに含んでみたり、息を止めてみたりしました。

これらも眠気を覚ますのに一役買ってくれました。本当のところ、眠気というのも心の一状態であって、心そのものではありません。この二つはあくまでも別物です。この基本をしっかりと携えておかねばなりません。よくよく観察してみると、眠気は私たち自身ではありません。瞑想を始めて時間が短いうちは、そこに眠気はありませんでした。最初は「気づき」がそこにありました。しかし、少しすると眠気が襲ってきて心を覆ってしまいます。

そんなときに強い意志をもってしっかりと目覚めるよう努めました。いったん、体の動きから気づきを離し、目を大きく見開きながら眉間を意識し、そこで意識を強めます。すると眠気は退散していきます。眠気というのは、そのように強力な気づきに弱いのです。眠気が収まってきたらまた、体の動きに意識を戻し「気づきの瞑想」を続けていきましょう。

以上に述べたような、私に起こった五つの困難さ（妨げ）は、常に修行の妨げであり続けたわけではありません。私たちにはそれらを乗り越える方法があります。ただ、新しく修行をする人にとって妨げになるということだけです。私が修行を始めて三年間は、これらの妨げがたびたび生じてきました。しかし、今はそれらの妨げが生じてきても、それを教訓あるいは練習課題とみなして、気づきを高める道具としていくことができます。

気づきを高めるにつれ、これらの妨げに実体はなく、それらは私たちを迷わせる単なる幻想に過ぎないということが理解されてきます。その結果として、それらの妨げを捨て去ったり、より善く、より真実である気づきに立ち戻れるのです。それは「今、ここに安住する」ということでもあります。気づきに専念するに従い、妨げは消失していきます。やがてすべての妨げは乗り越えられ、私たちの修行は完成に至るのです。

最後に

障害をもつことは、単に不自由というだけで、不幸であることを意味するものではありません。ただ、肉体的に不自由ということに過ぎず、これについては選択の余地がありません。しかし、心のほうはというと、幸せを選ぶことは可能なのです。肉体的には不自由のなかにありながら、修行によって幸せを発見することは可能なのです。

わが身にさまざまな問題が生じたときには、当然その解決を図っていこうとしますが、問題によってはコントロールできないことや、選択の余地のないことももちろんあります。しかしながら心の問題に関しては、苦しまないことも、苦しませることも選択が可能なのです。

私たちは、苦しむためにこの世に生まれてきたのではありません。

どうぞ、苦しみを摑んで離さないなどということがありませんように。

どうぞ、心が穏やかに保たれますように。

気づきの瞑想によって、「苦しむ人」から「苦しみを観る人」への変化が訪れます。気づきそのものには、男女の差別もなく、正誤もなく、苦楽もなく、分け隔てがありません。

すべての現象は「仮」なるものとして私たちの前に起こってきています。それに執着して苦しむことなく、かといって、その現象を軽んじることもありません。それに気づき、観察し、穏やかな安らぎの心で、私たちに与えられたこの世での役割を果たしていく、それが私たちの人生の努めといえるのではないでしょうか。

「苦しまない生き方」に近づくための質問とその答え

私は一九九九年から、スカトー寺で修行する機会をいただきました。それをご縁に多くの方たちと出会い、質問を受ける機会が増えました。

この章では、皆さんから受けた私の人生についての質問や、訊ねられた話題について書いていくことにしましょう。とくにたびたび質問される話題と、私の記憶に残っている話題などを選んでおり、どの話も、気づきを高めるための修行と関連しています。

答えについては、たいていが私の修行経験から、そして師から話を伺ったり、本で読んだりしたことなどを参考にしています。もしかしたら何か私の勘違いがあるかもしれません。どうぞよく吟味なさってお読みくださいますようお願いします。性急にこれはよい、これはダメだと決めつけることがありませんように。

1、事故に遭い、一生障害を背負って生きなければならないとわかったときはどんな気持ちでしたか？

事故が起きてすぐ、バンコク中央病院で治療を受けましたが、手術している間は単に悪い夢を見ているに過ぎないと思っていました。

そして意識が混濁《こんだく》して何が何やらよくわからないような状態でした。それから徐々に意識が回復し、障害をもつ身として一生を過ごさなければならないという事実を知るにつれ、思考がだんだん渦巻いてくるようになりました。苦しみは体にも心にも生じてきました。体は痛み、心は希望を失い、打ちひしがれていました。自分が障害者用の車椅子に乗っているイメージや、どこにも行けずにただベッドの上でのびている自分の姿を思い浮かべては、絶望感にひたっていたのですよ。いわば寝ても覚めても夢の中という状態でした。

私は思うのですね。もし、生まれつき障害をもっていたらそれほどまでに苦しまなかったかもしれない、と。なぜなら、生まれたときからなら、その状態にすでに慣れきっていたでしょうからね。その困難な状況を受け入れるというような心の作業をする必要はなかったでしょうからね。

しかし私の場合、それまでの二十四年間、身体的に不自由のない生活をしていたわけですから。突然障害を負って機能を失ってしまったので、もう本当に悲しく、悔しい思いでいっぱいになりました。

イライラしたり、憂鬱で胸がふさがるような気持ちになって、「ああ、これからは何もできない」と思いました。同時に、かつてあった自信がガラガラと音を立てて崩れていきました。いわば苦しみに翻弄され続けながら、そしてまた前方にも苦しみが立ちはだかっているような感じでした。

2、自殺を考えたことはありますか？

自殺は考えたことはありません。でも来る日も来る日も苦しみに襲われ、生きていくのがイヤになり、もうこの世界にいても意味はないと考えたりしたことはあります。ときどきそんな私を慰めに来てくれる人もいました。「もし自分があなたのような状態になったら、もうとっくに自殺してしまっているよ」と、まるで自殺に誘うかのようなことを言ってきたりしました。

でも、我慢強く辛抱しました。私の周囲の人や家族がこのような状態にある私をとても気遣っていてくれたからです。家族や親戚も私にプレッシャーをかけることなどなかったので、自殺を考える必要などありませんでした。彼らは常に温かく見守り、献身的なケアをしてくれましたから、もし私が自殺するようなことがあったら、彼らにさらなる大きな悲しみ、苦しみを与えてしまうことになるだろうと思いました。なぜなら、両親は私のことですでに十分に苦しみを抱えていたわけですから。このことが自殺を考えなかった大きな理由の一つでしょう。

しかし、仏法の言葉によれば、「自殺」もまたよきことなのですね。ここでいう「自殺」は、体を死に至らしめることではもちろんなく、「自我を滅する」ということです。体に関していえば、それは忠実な使用人のようなものです。なぜなら、来る日も来る日も私たちにこき使われているのですから。ちょっとかわいそうな存在です。

ですから私たちが死に至らしめなければならないのは、そんなかわいそうな存在の体ではなくて、そんなふうに考えてしまう思考のほうです。あるいは「この体と心は私のものである」といった早まったものの見方です。このようなものをこそ滅していったほうがいいでしょう。もしこのような早まったものの見方（邪見）を捨て去ることができれば、苦しみは二度と生じてこなくなるでしょう。

3、苦しみに陥ってしまった人の心の状態とは、どのような状態を指しますか？

イライラぴりぴりして、憂鬱になり、胸騒ぎがして不安になります。また感情の起伏が激しくなり、常にネガティブなことを考えたり、悪いイメージを抱いたり、また言ったり行なったりします。そしてときには泣きたくなったり、「もうこれでおしまいだ」と死にたくなったりする心情ですね。

4、苦しみに打ち克つために我慢をしている間は、心をどういうふうにコントロールしていたのですか？

自分の身に生じてくる状態をただ受け入れること以外には、特別何をしたというのはありませんよ。しかし、そのような事実を受け入れていくことによって、いくぶん心は穏やかになっていきました。ちょうど心に引っかかっていたものが手放され、抜け落ちていった感じでしたね。そうして「死ぬべきときが来たら、死を受け入れよう。それですべてが終わるんだ」と、そんな感じでいました。

5、人生の問題を解決するに当たり、何があなたを仏道修行に導いたのでしょうか。他の方法も考えたことはありますか？

昔は、私も仏法の話に関心をもつことなどありませんでした。見ること、聞くことの楽しさにうっとりと我を忘れること、すなわち、自分の外側にある楽しみを追い求めていました。

それは、私たちが普通習慣的に行なっていることであり、それによって心の苦しみは覆い隠されます。私たちは、そのような楽しみによって苦しみが消えたり、解消されたりすると思っています。確かにその楽しみに耽っているとき、その瞬間苦しみは忘れます。しかし、しばらくすると飽きてきて、また苦しみが生じてくるのです。

そのようにして苦しみからほんのひととき逃れても、また苦しみに出会うのです。まるで虎から逃げたと思ったらすぐにワニに出くわすように、つかの間のあいだ苦しみから逃れられるだけです。ですから、苦しみを解決するのにふさわしいとはいえません。苦しみを覆い隠しているに過ぎません。そして苦しみをずっと覆い隠すことなどもちろんできず、苦しみは必ずまた生じてきます。

私を最善の問題解決の道に導いてくれたのは、まぎれもなく私の両親です。両親は自らも修行に取り組み、そのうしろ姿で私を仏道に導いてくれました。

以前の私は出家をする気持ちでおりました。でもその機会は事故で逃してしまいました。そこで、出家のかわりに仏道修行に真剣に取り組んでみようと思い直しました。このことが私が仏道を歩むようになった動機です。

6、苦しみ多い人生から、苦しみの少ない人生へと変わったターニングポイントはどこですか？

事故に遭った当初、私はとても苦しみましたがそれに耐えていました。長らく耐えていると、そのうちに苦しみにも次第に慣れてきました。また苦しみというのも普遍的なものではありませんから、苦しみを感じることも次第に少なくなってきていました。

しかし、何よりもカムキエン師からの手紙をいただき、慈悲に溢れた言葉で体の動きを用いる「気づきの瞑想」を紹介していただいたことが、大きなターニングポイントでした。私は僧侶からお手紙をいただいたということで大いに励まされ、その修行法に希望が湧いてきました。

以前の私は、障害をもった人には修行は不可能だと思い込んでいました。しかし、カムキエン師の言葉によって、「私にもできる！」との確信を得、自信と勇気がみなぎってきました。今思うと、その時こそが私の人生最大のターニングポイントだといえるのかもしれません。それほど師からの励ましは効果絶大でしたね。

仏法の本を読んだり、テープを聴いたりしていたとき、それによって確かに少しは楽になってきてはいましたが、しかしまださわやかな気持ちにはなれませんでした。

しかし、師からの手紙を受け取ったとき、まだ実際には修行に取り組んでいなかったにもかかわらず、ただ「修行を始めてみよう！」と思えただけで、私のいのちはイキイキとよみがえり、生命力がみなぎってきたのでした。そしてそのときわかったのです。いのちにはみずみずしい生命エネルギーが必要であり、それを得たとき生命に〝イキイキ感〟がみなぎってくるのだ、と。そのエネルギーがみなぎっていないとき、そこに〝イキイキ感〟はなく死んだ人のようです。まるで枯れた樹木のように。そんなしおれた樹木からは、いのちの喜びは感じられませんよね。同じようなものなのです。

7、修行を始める前とあとでは、周りの方々の反応はどのように変わったと感じられましたか?

修行を始めるまで私も大変苦しんでいましたが、同じように私の周りにいる人も苦しんでいました。両親も苦しみにやつれ、生命力を枯らしていました。しかし、私が修行を始めてから両親の心も変化していきました。苦しみが少しずつ減っていき、笑顔が見られるようになりました。家族や親戚の雰囲気も生き生きとし始めてきました。

喜ばしい大きな変化に、私を何とかしたいという思いから、父自身が修行へと歩み出してくれたことがまず挙げられます。以前の父は、仏像のお守り(プラクルアン)には関心がありましたが、仏法についてはほとんど関心がありませんでした。

しかし、ティエン師の編み出された気づきを高める修行を始めてから、父の心は大きく変化していきました。怒りっぽい人であったのが、とても気持ちが穏やかになっていきました。酒やタバコなどの嗜好品をとることがなくなり、また夕食[*12]もとるのをやめました。

父は家族の手本となりました。そして、父は自分の寿命が尽きる最期の瞬間まで「気づきの瞑想」を続けながら、「善逝《ぜんぜい》（スカトー）」としてこの世を去っていきました。「善逝」とは、「善とともにゆくもの」を意味し、ブッダの異名の一つでもあります。

母も以前から仏教に対する信仰心は篤《あつ》かったのですが、一層熱心になっていきました。母は私と一緒にスカトー寺で修行をする時間をもっています。以前は父も一緒でした。私はこれから先、母が最期を迎えるときも、きっと父と同じように善逝（スカトー）としてこの世を去られるだろうと思っています。これが私の周りではっきりと起こった変化です。

＊12　タイでは、在家修行者も八戒の１つ「非時食戒」を守って、午後以降の食事を摂らずに日常的に修行に励む方もいる。

8、苦しんでいるときに、幸せを探し求めるにはどうしたらよいでしょうか

じつをいうと、私は幸せを探し求めてはいないのですよ。ただ、私に与えられた仕事をしているに過ぎません。

一見私は何もしていないようですが、うごめく心を観続けています。身体的な仕事は普通の方のようにはできないので、心に関しての仕事をしています。それは、気づきを高め、自分自身を感じるという仕事です。心を観ることが私の仕事なのです。

気づきを高めること、あるいは自分自身を感じていくというのは、この生命ある一瞬一瞬の「今」を生ききることです。そしてそれは何かをしているとき、話しているときでも、考えているときでも、常に気づきを保っているということです。

苦しみを超える秘訣は、この「今・ここ」にいられるかどうかということ

です。苦しみは、過去や未来への思いに対するとらわれから生じてきます。過去や未来を思い煩うことは、「今・ここ」にいる限りできません。それゆえ「今・ここ」にいるとき、苦しみはそこに生じてはきません。苦しむ瞬間はそこには与えられないのです。ただ気づきがそこにあるだけなのです。

　こうして、心が苦しみに占められずにいたら、そこに幸せが生まれてくるのです。私には、どこか外側に幸せを探し求めに行こうという気はありません。

　ただ、心の苦しみの量を減らしていくだけで、心に穏やかさ、そして安らぎが広がっていきます。これが幸せというのではないでしょうか。もし幸せが今この場にあれば、どこか外に探しに行きたいと思う必要はなくなりますね。じつのところ私は、幸せという言葉をあまり用いたくはありません。なぜなら、その言葉はあまり安全な感じがしないからです。というのも一般に「幸せ」と聞くと、摑みたい、離したくない、と人に思わせてしまうところがありますからね。すなわち執着の種になってしまいがちなのです。だから「苦しみのない心＝幸せ」なんだと理解し、苦を減ずることに努めることがより安全かと思います。

全力で「今・ここ」に気づく努力を図ってみると、たとえ自分の内側や外側でどんなことが起ころうとも、私はここにいる、すなわち苦しみのない世界に住んでいるんだということに気づかされます。心に気づきがあり、「観る人」になったとき、「苦しむ人」はいなくなってしまうのです。そして何か問題が起これば、ただその問題を解決するという任務に当たっていきます。「苦の生じているところに不苦はある」のです。私たちは苦しみから逃げることなく、また幸せを追い求めることなく、苦しみからの解放を果たすことができます。幸せはこの瞬間、私たちのごくごく身近にあるのですよ。

9、もし人生のなかで問題や妨げが起こってしまったら、私たちはまずどう

したらいいでしょうか

まずは気づくことです。心を平静にして問題としっかり向き合い、次に問題の原因を探していきます。原因が見つかったらそれを解決します。そうすれば、私たちの問題はすっかりなくなってしまうでしょう。もし、どうやったらいいのかまったく思いつかないときには、むやみやたらに何かをするのではなく、まず、よきアドバイザーに相談するといいでしょう。それによって、私たちによき気づきをもたらしてくれることがあります。

日ごろから正しく心を調えておけば、たとえ何か問題や妨げが起こってきても、苦しむ必要はなくなるでしょう。なぜなら、問題とはただ解決すべきものであり、妨げとはただ立ち向かっていくべきものであるからです。

私たちは、誤った認識（ものの見方）によって、「これは苦しみだ」と勝手に決めつけてしまい、心に苦しみを抱えてしまいがちです。たとえ、智慧をもった賢者であっても問題や妨げには直面します。なぜなら、すべての現象をコントロールしたり、選んだりすることは誰にもできないからです。しかし、普通の人間が問題や妨げとみなす事がらであっても、智慧ある人はこれらを問題、妨げ、苦しみとはみなしません。ただ苦しみのない穏やかな心で問題解決に取り組み、妨げに立ち向かっていくのみです。これが仏教でいう「賢者」です。

10、他にもいろいろな修行法があるのに、なぜティエン師の「気づきの瞑想」を選ばれたのでしょうか？　また、苦しみを消滅する修行法では、どのようなことを行なわなければならないのでしょうか

私は他の修行法もいろいろ試してみました。しかし、あまり真剣にやることがありませんでした。なぜなら、そう長くは座っていることができないか

＊13　32の身体器官を凝視して気づいていく。
＊14　呼吸に意識を向ける瞑想。
＊15　大四念処観。　脚注＊9（P83）に同じ。

らです。私の人生の大半は横になった姿勢ですから、そのような姿勢になるとどうしても眠りやすくなってしまいます。

ティエン師系の「気づきの瞑想」は、心身の動きに気づくことを強調していました。動かずにじっとしている必要はありません。気づきを高めるためには、何かを考える必要はありません。思考を禁止することなく、思考にはまり込まず、思考が起こってきたら、ただその思考にすみやかに気づき、それが去っていくのを見守っていくことだけでいいのです。こうした方法が、常に横になっていなければならなかった私にとってふさわしいものでした。

ブッダが教えられた苦しみを消滅させるための修行、カーヤガターサティ[*13]、アーナパーナサティ[*14]、マハサティパターナ4[*15]、アヌッサティ10[*16]、などのこれらの修行法には"サティ"、すなわち「気づき」という言葉が含まれ、気づきを高めることが強調されています。

したがって気づきを高める訓練をしているなら、それは正しい方法といえ

＊16　次の10の事がらを念じ、注意深く観察すること。
①完全な徳をもった仏（念仏）②自然の理である法（念法）③修行の仲間である僧（念僧）④戒律（念戒）⑤布施（念施）⑥人間界に見出せる天人の特性（念天）⑦平和、苦しみが消滅した涅槃（念平和）⑧呼吸（念安般）⑨人間のもつ32の身体器官（念身）⑩死（念死）

SOMA

るでしょう。なぜなら、気づきによって正しく知覚できるようになり、心は安定し、智慧が生じ、それによって苦しみの原因である欲望を捨て去ることができ、苦しみは生じてこなくなるからです。気づきを訓練する方法、方便というのはさまざまにありますよ。

11、気づきを高める修行の成果を早く得るには、どうしたらよいでしょうか

修行を、手を動かす瞑想や歩行瞑想に限定せず、睡眠時間以外のすべての時間、あらゆる動作に絶えず気づきを保ち続けていくことです。日常生活において何を行なっていようとも、強い意志をもって体のさまざまな動きに気づき続けていくことです。一生懸命取り組めば、気づきは次第に高まり、やがて智慧が生じてくるでしょう。

たとえて言えば、お腹を満たすのにには、ご飯を一口一口かみ続けることが

必要ですね。また、ナムプリック（唐辛子入りディップ）を作るには、何回も搗《つ》き続けなければなりません。そのように、効果がでるまでコツコツ続けていくのが大切です。

12、自分が行なっている修行が正しく、また上達していることを確かめるにはどうしたらいいでしょうか

法は〝サンティティコー〟すなわち、行なっている修行が正しければ、正しいと修行者自らがわかる、ということが言われています。

簡単な見分け方を紹介します。それは、何かをしているとき、話しているとき、考えているとき、気づきが増していく。あるいは何かが目に入ってきたときや聞こえてきたときなどでも、それに素早く気づき、動揺することがない。そして心は平静に保たれ、疑念も湧かない。また何よりも一番大切な

のは苦しみが減っていくことです。もしこのようであれば、正しく修行し、そして上達もしていると自信をもってください。逆にもし、修行すればするほど苦しみも増しているというのであれば、その方法は正しくないとみなせるでしょう。

13、私たちが修行を始めたあと、周りの人に修行を勧めるにはどういう方法がありますか？

とてもいい質問ですね。善いことはなるべくみんなに勧められたらいいですね。とりわけ、仏法の修行実践は何にもまさる善行です。なぜなら、修行によって人生の核心に触れることができるからです。とくに「気づきの瞑想」では、心に拠り所をつくることができるなど無限の効用があります。

ときに、言葉で誘うことだけでは十分でないことがあります。自分自身がよきモデルとなる必要があります。まず自分が幸せになり、その姿を相手に示し、心穏やかな状態で人と接する、そうすれば説得力が増すでしょうね。

14、気づきを高める修行のなかで、私たちが一番考慮しなければならないことは何ですか?

もっとも大切なのは、とらわれないことです。修行中に生じることが何であれ、とらわれてしまうと、時間を無駄に過ごすことになるでしょう。手放すことができるならば、もうそれで十分です。そうすれば修行は早く進み、自由でたやすくなるでしょう。

体の動きに気づきを向けようと決めたなら、正しい方法で気づきを向けなければなりません。何ものにもとらわれることなくただひたすら気づいていくことです。無駄なことは考えず、心を平穏に保ちましょう。無心で励んでいくことが大切です。もちろん熱心に修行に努めることも大切ですが、たとえ熱心に体を動かしていても、そこに気づきが伴わず、心があちこちさ迷い続けるようなら、それは怠けていることと同じです。

何よりも重要なのは、「今・ここ」の体と心にしっかりと気づき続けていくことです。鎖の環のように継続すること、それだけで十分です。

15、仏法の修行はとても重要なことだとわかりました。でも時間がありません。どうしたらいいでしょうか?

時間がない、という話はよく聞きますね。でも、それは何かのせいにしていることが多いものです。私たちは本当に修行する時間がないのでしょうか、それとも時間をつくらないだけなのでしょうか。もし時間をつくろうと思えばつくれるはずですし、つくらないようにすればつくることはできません。

私はこう思っています。もし何か自分にとって大切なもので、とてもメリットがあると思うなら、私たちはいつでもそのことに時間をとろうとするでしょう。たとえば、お金や財産に多くのメリットを感じるなら、お金を稼ぐということに時間をたくさん費やすでしょう。残業してでも働くでしょうね。もし私たちが仏法の修行に本当にメリットを感じていれば、その修行に当てる時間を増やすでしょう。ときには、修行の「残業」さえ厭わないほどに。それは修行の重要性とメリットを、どれだけ感じているかによるのです。

私たちは、今・この時代に生を受けました。そして仏教に出会う機会を得ました。私たちはどれだけ道に迷ってここまできたでしょうか。人間が獲得し得る最高の善の探求のために、自分自身に対して修行のチャンスと時間を与えてみませんか?

16、怠け者の性格や、ついつい明日があるさ、と先延ばしにする性格をどう

直したらよいでしょうか

私自身、以前はこうやって障害者として生きるなんて思ってもみませんでしたよ。私の夢は障害者になることではありませんでしたから。人生には何が起こるかわからないと身にしみて思います。

私が心から皆さんに申し上げたいのは、愛と関心をもって、決して人生において不注意であってはならないということです。次の瞬間に何が起こるかは誰にもわかりません。どうぞ油断することなく、「気づきの瞑想」に励んでみてください。

体が丈夫で動くうちに、また苦しみが少ないうちに、自分の内側の拠り所を見つけておいてください。それを見つけるのに、私のように障害を待つ必要も、苦しみが大きくなるのを待つ必要もありません。体に障害を負ってしまったら、負っていない人よりも困難な事がらは確かに増えてきますから。

何はともあれ、すべての生命あるものは、老い、病、死、あるいは別れといったものから逃れることはできません。それらは、今・この瞬間、あるいはそう遠くない未来に私たちに待ち伏せしています。

もしあなたが心の拠り所をつくらないでいれば、そのような苦が生じてきたとき、よるべのないかわいそうな孤児のようになってしまうでしょう。ですから、どうぞ怠けないで、今から修行を始めてみてください。きっと最高の幸せにめぐり合えることでしょう。

17、どうしてお寺にいるときはよく修行できても、家に帰ると気づきを忘れてしまうのでしょう

お寺と家や仕事場は違いますね。とくに気づきを保たせる環境としての違いは大きいといえます。たとえば、善き仲間や善き師の存在、そして、家や

仕事場よりも静寂な場所など。しかし、実際は環境が違うだけです。気づきには何の違いもありません。

お寺でも、家でも、仕事場でも、私たちはいつでも気づきを保つ努力ができます。自分に何が起こっているかに気づくこと、それを忘れないようにしましょう。ですから、私たちは区別して考える必要はありません。どこにいても、どんな状態でも気づきを保ち、何が起こっているかを知ることです。これだけで十分なのです。

18、修行に飽き飽きしたり、落胆したり、やる気が起きなかったりしたときにはどうしたらよいでしょうか

これらの状態は、修行の成果を必要以上に望むことからきているといえましょう。または、修行の進み具合が見えないということからきています。

こうした状態が起こっても、気にせずに修行を進めましょう。そこで諦めてしまわないように。少し辛抱して、さらに努力していきましょう。そのうちにこれらの状態は少なくなるか、なくなってしまうでしょう。というのは、これらは心の状態であって、無常なる、すなわち生じてはまた消えていくものなのです。

瞑想の修行というのは、やればやった分だけ、その成果は実際すでに得られているのです。ただ、それは心に刻まれているものなので目には見えません。仕事のように成果が目に見える形ではっきりと現われてはこないのです。ですから、たとえ今わからなくても大丈夫だよ、と自分に言い聞かせてあげてください。今日結果を得られなくても、明日わかるかもしれない。今わからなくても、気にせず続けていくことが大切です。

茎《くき》の長いサトウキビを食べることと一緒です。普通、サトウキビの先のほうから根元にかけて噛んでいきますが、先っぽのほうは味が薄く、根元に近くなるにつれて甘くなっていきます。瞑想に関しても同様です。やればやるほど次第に味わい深くなっていきますよ。ヤル気をなくしたり、落ち込んだりしたとき、自分を勇気づけてあげましょう。他の人からの励ましは二義的なものです。自分で自分を勇気づけるのがよいのです。なぜなら、自分を一番よく知っているのは自分自身なのですから。

19、修行中、眠気が起こったらどうやって解決すればよいでしょうか

眠気は修行をするすべての人にとっての友だちと言えるでしょうね。熱心に根気よく、彼は何度もやってきます。これは、とくに変わったことではありません。瞑想を実践する前から、自然なこととして経験しているからです。眠気がくるというのは健全で、眠気さんに感謝しなければなりません。さもなくば、眠るためにわざわざ睡眠薬を買って飲まなければならないでしょう。

私がお勧めする眠気覚ましの方法ですが、たとえば体の動きを速くしたり、力を込めてみたり、姿勢を変えたり、明るい場所で修行をしてみたり、空を見上げてみたり、いろんな方向を見たり、目を大きく見開いてみたり、顔をパチパチ叩いてみたり、水を飲んだり、掃除したり、洗濯したり、ご飯を少なめにとること、などです。

いずれにせよ一番いいのは、自分自身で眠気覚ましのテクニックを見つけることです。他人が勧める方法よりも効果があるでしょう。

修行における眠気対策の基本は、禁ずることなく、強制することなしに眠気に負けないよう、熱心に気づきに努めることです。少しだけ辛抱してみましょう。それが修行者の務めです。

修行中に眠気が襲ってきたら、姿勢や動きを変えてみましょう。私のようにどこにも行けず、横になったままの姿勢でいなくてはならない人は、いつでも眠気と闘っていなくてはなりません。でも私は負けませんよ。心が強くなってきたら、眠気に克つことができます。なぜなら眠気もまた常ではなく、起こっては消えるものだからです。眠気も法《タンマ》の一つで、私たちの生命の一部なのですから嫌わないでくださいね。

修行に努め、眠気を理解するものが、法を理解します。私たちはただ気づきを保ち、眠気にのまれてしまわないように努めていくことが大切です。

20、修行中に考え事が起こってきて止まらないときには、どうすればよいでしょうか

考え事もまた、多くの修行者にとって克服すべき相手ですね。私は、思考できるということはいいことだと思っています。思考のない人、とはすなわち死んでしまった人ですからね。

思考もまた自然のことわりです。修行中に思考が起こってきたとき、何も

余計なことをしないほうがいいのです。すなわち、思考によって解決しようとせず、禁ずることもせず、思考を追うこともせず、強制する必要はありません。

重要なのは、思考にはまり込んでしまわないことです。心を中心に据えてただ思考に気づいていくことです。大方の思考はひとりでに消えていくでしょう。しかし、もし消えないときには、体の動きに気づきを戻していきます。この基本を忘れないように。思考に負けないよう、体への気づきに専念していきましょう。

湧き上がった思考に対して、それ以上、関わり合って複雑なものにしなければ、その思考はやがて消滅していくでしょう。また思考に余計な価値や重要性を与えなければ、思考はあまり起こらなくなってくるでしょう。実際、修行にとって、思考もまたよきことです。気づきを伴っていればよいのです。思考を嫌わないようにしましょう。彼もまた私たちの生命の一部なのですから。

21、修行中に頭が痛くなったり、くらくらしたり、緊張したり、また胸が詰まるような症状が出てきたとき、どのように解決すればいいですか？

これらの症状も修行者にとっては乗り越えるべきものです。早く修行の成果を得たいと一生懸命になり過ぎてしまうと、このような症状がよく出てきます。思考が起こって欲しくない、静けさが欲しいなどと思って、自由な感じではなく、強制的に心をコントロールしようとして緊張し過ぎてしまうのです。このように力が入り過ぎるとこうした症状が起こります。

これを解決するには、少しの間休んで遠くのものを見るようにしましょう。たとえば、樹木のてっぺんや大空など、外側のものに意識を向けてみましょう。または深い呼吸をしてみましょう。息を大きく吸い込み、少しずつ少しずつ、ゆっくり長く吐き出していきます。これを五回ほど繰り返すと、頭が明るくすっきりしてきます。緊張感や胸の詰まりも次第に和らいでいきます。

または、水をたくさん飲む方法もあります。なぜなら、水には体をフレッシュにしてくれるだけでなく、心の緊張を緩める作用もあるからです。これらの症状がなくなったら、また気づきを高める修行を気持ちよく続けましょう。心のなかに微笑を携えておけば、緊張が起こりにくいですよ。

22、もし、早く修行の成果を上げたいという思考が起こってきたら、どう解決したらよいでしょうか

修行の成果を求めるのも自然なことです。しかしその心が行き過ぎると、焦り、もがき、取り乱して心穏やかではなくなります。なぜなら、欲が生じたからです。そうするとさまざまな疑問が生じてきて修行の妨げになります。

このように、結果は原因から生じます。したがって、気づきを高めるという原因をつくり出すことが大切です。原因が正しく十分に築いていれば、結果を思いわずらうことはありません。それは自然についてくるからです。

23、恐れに打ち克つにはどうしたらいいでしょうか

たとえ幽霊を恐れるにしろ、もし恐れが起こってきても、どこへも逃げる必要はありません。恐れから智慧が生ずることもあるのです。気づきがあれば恐れが消えていきます。しかし、それでもまだ恐れが消えないとしたら、体の動きを速めたり、強めたりして、それに気づいていきましょう。

少しだけ辛抱しましょう。そのうち次第に恐れも薄れ、やがて消えていくことでしょう。恐れというものも、無常なる心の状態に過ぎず、苦の一つです。

ブッダはこうお説きになりました。「苦しみは知るに値すべきものである」と。どこへも逃げる必要はありません。幽霊は幽霊を怖がる人だけを脅《おど》かしてくるのです。

24、修行中に、たとえば疲れや痛みなどの身体的苦痛を感じたときには、どうやって心の安定を得ればいいですか?

まず、それに気づいて観察してみましょう。

なぜなら、苦しみは知るべきものである、ということですから。学びのために少々辛抱してみましょう。その後、症状を軽くするために気づきをもって姿勢を変えてみましょう。「苦しみにイライラしてうんざりする人」にはまり込むことなく、「姿勢を変えてあげる人」となることが必要です。

体の苦は体にとって自然なことです。本当のことを言えば、私たちは痛みや疲れを感じることに感謝しなくてはいけませんよ。体の機能が正常だということですから。もし、何も感じないとしたら異常だということです。私のように体が麻痺しちゃってることになりますからね。

25、気づきを高めていくと、静けさを求めたくなる心が生まれます。どう解決したらいいでしょうか

気づきを高める修行の目的は、心の静けさを求めることではありません。自分自身に常に気づき、真理に目覚めることがもっとも重要な目的です。静けさは修行者の一通過点に過ぎません。修行のなかで静けさが生じ、心がボーッとした状態になってきたら、それにはまり込んでしまってはいけません。なぜならそれは気づきを伴わない静けさだからです。それによって心は麻痺し、体を動かすのも億劫になり、気づくことも怠けさせてしまいます。

その結果、修行も進展しなくなってしまいます。もし、静けさに耽り、執着するなら、静けさがなくなったときに苦しみが生じるでしょう。なぜなら静けさもまた無常だからです。

「静けさがあるなら、それを知り、静けさがなければ、それを知る」というのが静けさに対する正しい対応です。いずれであってもそれを摑むのではなく手放すのです。したがって、もし静けさのなかから抜け出すことができないなら、どこか体の動きの一部分を意識し、速く強く動かしてみたり、姿勢を変えみたりして気づきを高めていくことです。

仏教では静けさをも遠ざけよと教えられています。それは静けさを超えた智慧をもつという意味です。静けさを観る、そしてその静けさにとらわれずに、気づきを保つということが大切です。

26、もし修行で疑念が生じたらどうすればいいでしょうか

もし何か疑いが生じてきたら、答えを考えて探すべきではありません。さもないと私たちは死ぬまで答えを探し、疑い続けなければならなくなります。疑いに打ち克つ方法は、疑いの渦に入っていかないことです。疑念をただ心の一状態とみなすことです。それを「自分」だとか「自分のもの」だとか思わないことが大切です。

疑念は平常心を失わせ、心を混乱させ心を苦しませます。もし私たちが気づきをもってその仕組みを知れば、そのとき疑いから開放されるでしょう。

27、愛欲を乗り越えるにはどうしたらよいでしょうか

愛欲は心を疲れさせ、不安にさせ、動揺させ、苦しませます。

愛欲は思考により生じます。ですから、私たちが愛欲に打ち克とうと思うなら、まず思考に打ち克たなければなりません。思考に打ち克つために気づ

きをより高めていく必要があります。なぜなら、もし気づきがあれば、そのような思考は起こりにくくなるからです。気づきには、そのような思考を断つ働きがあります。

ティエン師は、こうたとえています。「気づきはネコであり、思考はネズミである」と。

家のなかにネズミがいても、私たち自身がネズミを追いかける必要はありません。ただネコを飼えばいいのです。そしてネコがよく育つようにエサを与えて、ネコがきちんとネズミを取る役割を果たすようにしてやればいいのです。

気づきを高めることは、ネコにエサを与えることと同じです。このように気づきを高めていれば、私たちのなかに潜んでいる思考、そして愛欲に打ち克つことができます。

28、怒りを克服するにはどうしたらいいでしょうか

怒りは、心の状態の一つで、気分を憂鬱にさせます。そして体にも影響してさまざまな病の原因にもなります。肌の色つやも悪くなり、体も心も苦しませます。怒りが満ちていたら、この世界にいても幸せはありません。そして来世もまた幸せにはなりません。しっかりと洞察し怒りという苦とその咎《とが》（過ち）を理解しましょう。

怒りというものを理解したら、怒りなどもちたくなくなります。怒りが生じたら、素早くそれに気づきましょう。すぐ言葉や行動に表わしてしまわないことです。怒りが収まるまでちょっと辛抱しましょう。

カムキエン師はこう教えてくれました。「観る人になりなさい。それ（怒り）自身に自らがなってしまわないように」。

なぜなら、怒りは無常だからです。私のものではありません。そして、無

我なるものです。もし怒りが収まらず、それどころかさらに激しくなっていくようなら、気づきを体の動きに戻し、速く、強く、そして長めに続けましょう。

または深呼吸をしてみましょう。深く息を吸い、十秒間息を止めたら、息をゆっくり長く吐きましょう。これを気づきを保ちながら五回やってみましょう。そうすれば、怒りはいつの間にか消えていくでしょう。

ブッダの金言にこうあります。

「怒りを退治すれば、自ずと幸せが起こる」

怒りがあるとき、心がはっきりせず、憂鬱で暗くなります。あなたが怒りを感じている相手も、やがていずれは死んでいきます。そして私たちもいずれ死んでいくのです。彼も死に、私も死ぬ。だとしたら、怒りを覚えていて一体何になりましょう。互いに許し合ったほうがよっぽどいいのではないでしょうか。

すべての生命は、皆、生まれてこのかた苦しみを抱えて生きているのですから。お互いに苦しみを抱える仲間として相手を見ていくのがいいでしょう。

29、なぜ、ティエン師の気づきを高める方法は、目を閉じず、またラベリング[*17]しないのですか？

実際、気づきを高めるのに、目を閉じる、目を閉じないは関係ありません。ですから目を閉じて行なってもかまいません。目を開けてやることを強制はしません。ただ、日常生活において私たちは普段目を開けて生活していますから、普通の状態で気づく練習をしたほうが、日常生活に応用しやすくなります。

ラベリングについては、とくにしなくてもいいことになっています。なぜラベリングをするのかといえば、修行者が自分自身の行動を確認することが

＊17　たとえば、歩いているときに「歩いている」と言葉に出してみたり、心のなかで言葉を用いて意識を向ける瞑想のやり方。1つ1つの動きにラベルを貼るような意識で行なうこと。

できるようにするためです。しかし、ティエン師の方法の特徴は、言葉に頼らずそれを越えていくことにあります。したがって、言葉を敢えて用いずに、ただダイレクトに体の動きに気づいていくのです。

30、カンポンさんの日常生活では、話をしに来る人がいて、いろんな話、意味のあることもないことも耳に入ってくるでしょうが、それについてどう感じますか？　そんななか、どのように気づきを高めていますか？

人の話を聞くことも私の大切な役割です。もしアドバイスがその人にとって必要ならば、そのお手伝いをさせていただきます。私のところへ来られるどんな人も、私の善き仲間だと思っています。そしてその人がどんな話をしようとも、私にはそれを意味があるとか、意味がないとか区別しようとはしません。ただその人にとっては、とても重要なことなのだろうな、と考えます。そして正しい話であっても、間違った話であっても、ただ耳を傾けていきます。なぜなら、ただ話を聞いてあげるだけで苦しみが和らぐということもよくありますから。

何も余計なことを話さず、あるいは余計なアドバイスを与えたりせず、ただただ心を穏やかにして、誠心誠意、相手の言葉に耳を傾けていきます。そして必要があれば、その人が心地よく帰ってもらえるように何らかの手助けをしてあげます。そのことが、自分にも、そして相手にもメリットになるのです。

大切なのは、私たちが何かにとらわれてしまうか否かということなのです。たとえどんなことであっても、それは自分を試すよい道具となります。それらは私たちに教訓や課題を与え、法を学ばせてくれるとてもよい機会なのです。

「気づきの瞑想」では、「今・ここ」で耳にするいろいろな話、対話、回答すること、または訪問者を歓待することのすべてにおいて、気づきを保つことが大切です。感情に翻弄されず、心を平静に保ち、常に「今・ここ」に留まっていることが大切です。

このように「気づきの瞑想」では、決まった形式にこだわる必要はないのです。

跋——善き友との出会い

スカトー寺副住職
プラ・ユキ・ナラテボー

この世に生まれ落ち、肉親と対面する。

この最初の出会い以来、数えきれないほど多くの人たちとの新しい出会いを重ねながら私たちは生き続けます。そして、その出会いのなかのいくつかは私たちの人生に大きな転機をもたらします。

二十年前、私はアジアの農村支援のNGO活動に携わりながら、タイの大学院で開発学を学んでいました。しかし政府の開発援助も、NGOによる草の根の支援にも、何かもの足りないものを感じていました。そんなとき、「開発僧」と呼ばれるタイの僧侶たちによる農村開発ムーブメントがあるこ

日本からの訪問者に説法するプラ・ユキ・ナラテボー師（右）と著者

とを知ったのです。

経済的な豊かさだけを目指すのではなく、ブッダの教えに基づき、人びとの心の平和や豊かさをも育んでいく。そのコンセプトに惹かれた私は、開発僧の一人として知られていた東北タイの僧侶を訪ねました。それが、ルアンポー・カムキエン師でした。そして、その深く包み込むような慈悲に触れた私は、一ケ月後、スカトー寺で僧侶となっていました。

オウム真理教によるサリン事件

が起こった一九九五年ごろから、心の癒しを求めて寺を訪れる日本人が現われるようになりました。ひととおり瞑想行を修め、心を調え、苦しみを減ずる方法を学んできていた私は、彼らの苦しみの聞き役、サポート役を果たす機会が増えていきました。

その後、私と同様ルアンポー・カムキエン師との出会いがきっかけとなって、スカトー寺のメンバーに加わった人がいました。それが、体に重度の障害を抱えながらもいつも爽やかな笑顔を絶やさない人、カンポン・トーンブンヌムさんでした。

こうしてカンポンさんがお寺に住まうようになってからは、お寺にきた日本人をカンポンさんのもとに連れて行き、対話の機会をもってもらうようになったのです。

ベッドに横たわるカンポンさんと悩みを抱えた日本の人たちとの対話が始まります。カンポンさんの輝く笑顔に触れ、優しいまなざしに見入られ、智慧に溢れた言葉を受けているうちに、みるみる表情が晴れ晴れと変わっていく彼、彼女ら。そんなカンポンさんの「魔法」を何度目撃してきたことでしょうか。

あるとき、夫からの愛情を感じられずに悩んでいた女性が、そのことをカンポンさんに打ち明けたことがありました。そのときカンポンさんからはこんな言葉が返ってきたのです。

「私たちは誰でも、みんなに愛されたいって気持ちをもってるよね。でも、五人の人がいれば、そのうちの二人には愛されないってことはよくあること。そのときは、三つしか愛を得られない。でも、自分から愛してごらん。五人の人を愛したら、心のなかに五つの愛が生まれてくるよ。今、ここに日本から来てくれた五人の友人がいる。僕は、今ここにいる五人の人を愛してるよ。そして五つの愛で満たされているよ」

カンポンさんの愛を受け、心満たされた女性はひとしきりうれし泣きにむせび、そしてスッキリした表情に笑顔が戻っていきました。

カンポンさんは訪ねてきた人たちによくこんなことも言います。

「何か辛いことにぶつかったとき、僕のことを思い出してごらん。『体がぜんぜん自由にならないカンポンさんに比べれば、大したことないや』。そう思えて、きっと楽になるよ」

私は、日本に一時帰国したおりに、階段を踏みはずし、足の骨を三ケ所折る大怪我を負ったことがありました。カンポンさんの言葉を思い出した私は、素直に言われたとおりにしてみました。確かに『大したことないな〜』と思えて、気持ちが楽になったことを覚えています。

タイに戻ってその報告をカンポンさんにしてみました。

「そりゃ、よかった、お役に立ててうれしいよー！」

満面の笑みで喜んでくれるカンポンさんでした。

あるとき、弟子の一人がブッダにこのような問いかけをしたそうです。

「善き友をもち、善き仲間とともにあることは、すでにこの聖なる道のなかばを成就したに等しいように思われます。この考えはいかがでしょうか」

それに対して、ブッダはこう答えたと言います。

「いや、それは違う。善き友をもち、善き仲間とともにあることは、聖なる道のなかばに当たるのではなく、まったく、そのすべてなのである」

出会い、とりわけ、善き友との出会いは、悩み苦しみの人生から私たちを解放する大きなチャンスを与えてくれます。

カンポンさんは、これからも多くの悩める人たちの善き友となり、彼らの人生に大きな転機をもたらし続けていくことでしょう。

二〇〇七年九月

友に代わり記す

「訳者あとがき」に代えて

なぜ今、「気づきの瞑想」をタイの仏教に学ぶのか

タイの障害者カンポンさんの半生と、彼が出会った気づきの瞑想。その瞑想によって得た彼の「苦しまない」生き方。なぜ今、彼を日本に紹介しようと思ったのか。タイと出会って十五年、カンポンさんと親交を深めるようになって約七年の月日が経過した今、タイの仏教の魅力とカンポンさんからの学びを、訳者あとがきに代えて記してみようと思います。

私は沖縄に生まれ、信心深い母の影響もあって、幼いころから仏教に親しみをもって育ちました。父を早くに亡くしたこともあり、とくに、学生時代は生きることについて真剣に思い悩みました。そのため、ボランティア活動

や仏教にのめり込み、宗教への思いや関わりが深い学生時代を送りました。そして、大学時代に訪れたスタディーツアーがきっかけで、タイの仏教と出会い、大きな影響を受けました。

裸足の僧との出会い

タイの仏教というと、皆さんは何を思い浮かべるでしょうか。現地を訪れたことのある方なら、観光名所であるエメラルド寺院や暁の寺など、豪華絢爛なお寺を連想されるでしょう。九〇パーセント以上が仏教徒というお国柄ゆえ、どんなに小さな村であってもお寺があり、仏教が人びとの生活や文化に根ざしています。サフラン色の衣を身にまとい修行に励む僧侶たち。僧侶に深い尊敬の念を表すタイの人びと。スタディーツアーで初めてリアルなタイの仏教に出会ったときの衝撃は今でもよく覚えています。

ツアー中、早起きをしてホテルの窓から人びとの暮らしを眺めると、僧侶が颯爽と街を裸足で歩く姿が目に飛び込んできました。ときおり、僧侶は家や店の前に立ち止まって食べ物をいただいています。食べ物を差し出す人びとは恭しく僧侶に合掌し、僧侶はお経を少しだけ唱えて去っていきました。双方とも顔色ひとつ変えず、淡々としています。驚きました。なぜなら、僧侶が直接食べ物を人びとからいただくという行ないが現在も続いていたからです。

私は幼いころから、『おしゃかさま』の絵本が大好きでした。二五〇〇年前のインドで出家したブッダが、貧しいボロ布を着て、人びとからご飯をいただいている姿を描いた絵が、とくに印象に残りました。当時、出家という意味すらわからない私でしたが、お金もちの王子だったブッダが苦しみを乗り越えるために、わざわざ貧しい格好をして修行をすることが、なぜか切なく、しかし、とても神聖なことのように感じました。

托鉢の風景を見たとき、絵本のその絵を思い出し、ブッダの生きていた時代にタイムスリップしたような気持ちになりました。しかし、ここはまぎれもなく現代。車やバイクが溢れ、交通渋滞に悩む都市バンコクでの風景です。ベンツの横を裸足で托鉢する僧侶は何を思っているのだろう。同じ仏教といっても、国によってこれだけ違うのはどうしてなのだろう。日本とあまりにも違う仏教の有り様に戸惑いを隠せませんでした。

小乗という偏見を超えて

ご存知の方も多いと思いますが、北インドで起こった仏教は、ブッダの死後大きく二つの流れに分かれて世界に広まりました。一つがインドから中国を経て韓国、日本へと伝わった北伝仏教、もう一つがスリランカ、そしてタイを含む東南アジアに伝わった南伝仏教です。その違いは、ブッダの死後行なわれた結集（ブッダの弟子たちが教えを後世に正確に伝えるため確認し合う集い）で、僧侶の修行スタイルについて見解が分かれたことに由来すると言われています。戒律遵守を強く主張する保守的な長老たちと、戒律にとらわれずに衆生救済のため広く大衆に分け入って修行することを主張する革新的な僧侶たちとの対立です。

保守的な長老たちの流れを汲んでいるのが上座部（テーラワーダ）仏教、先述した南伝仏教で、革新的な僧侶たちの流れを汲んでいるのが大乗（マハヤーナ）仏教で、先ほどの北伝仏教と同じです。

上座部仏教のことを小乗（ヒーナヤーナ）仏教とも言いますが、これは大乗仏教側から出てきた言葉だと言えます。「乗」とは乗り物を指し、大乗仏教側は自らを大きな乗り物と称し、長老側を小さな乗り物を意味する小乗と呼んで批判しました。現在でもよく使われていますが、この呼び方は軽蔑的な意味を含んでおり、タイの仏教に秘められた大切なものを見失ってしまう気がするので、ここでは上座部仏教と呼ぶことにします。これは、私自身の反省からです。かつて私は、小乗という言葉にとらわれ、彼らは自分だけの悟りを求める独善的な僧侶だとの偏見をもっていました。

開発僧に学ぶ

私の「小乗」仏教のイメージを変えたのが、「開発僧」という存在です。開発僧とは、農村開発や地域の問題に村人とともに関わり、仏教を基盤とした村づくりに取り組む僧侶たちを指します。経済発展を遂げたタイ社会に影響が出るようになった一九八〇年代に、とくに注目が集まりました。

急激な経済発展の陰で、都市と農村との貧富の差が拡大したり、森林伐採などで環境が破壊されたりと、数々の問題が発生しました。そうした問題に積極的に取り組む僧侶が現われ、人びとはいつしか彼らを「開発僧」と呼ぶようになりました。

「出家した僧侶は世俗から離れるべきである」という上座部仏教の根幹の思想と、「社会問題に関わる開発僧」の出現は、一見矛盾しています。今でも賛否両論あることは確かです。僧侶は、戒律が二二七もあり、それを守ることと自体で世俗から離れることを意味します。「僧侶は世俗のことにかまけていないで、修行に専念してほしい。それでこそ世俗に生きる私たちはタンブン(徳を積む)ができるのだから」と思っているタイ人も多くいます。

しかしそれでもなお、開発僧たちは僧侶としての責務を果たしつつ社会の問題と向き合っています。それは、僧侶たちが「私たちが修行できるのも、村人が支えてくれているからだ。どんなに貧しくとも僧侶を信頼し、毎朝の托鉢に食を捧げてくれる村人に私たち僧侶は『借り』があるのだ」という信念をもっているからです。

じつは、カンポンさんの瞑想の先生であるルアンポー・カムキエン・スワンノー師や、この本の序文を書いてくださったプラ・パイサーン・ウィサーロ師も開発僧として有名で、とりわけ森林保護や環境保全に熱心です。それは、仏教にとっても森は貴重な存在であることを彼らはよく知っているからなのでしょう。タイの農村部には、都市部の装飾豊かな寺院とは違い、「森全体が寺」という質素な森の寺が数多く見られます。森は豊かな自然の恵みを与えてくれる場所であり、瞑想によって心身ともに癒される場、つまり僧侶の大切な修行の場なのです。ですから、森が減少することは仏道修行にも大きなダメージを与えることを意味しています。

開発僧たちは、現代の問題に正面から向き合っており、決して独善的な僧侶たちではないのだ、と私の考えも変わっていきました。実際に活動する現場を何度も見るうちに、彼らは上座部仏教の伝統を守りつつ、新しい時代の苦悩に仏教の智慧をどう生かすかを真剣に考え、行動していることに深い感銘を受けるようになりました。

苦しまずに問題と取り組む開発僧の心の秘訣「気づきの瞑想」

私は当初、開発僧の活動ばかりに注目していましたが、次第に彼らの精神的エネルギーは何だろうと考えるようになりました。普通の人なら苦しんでどうしようもないような大変な局面に直面しても、彼らからは不思議と深刻さや悲壮感を感じません。タイ人が醸し出す独特の雰囲気のせいもあるでしょうが、どこかドライであっさり、でもほっと温かい。そんな印象をもつ開発僧と開発僧を支える人びとの心に関心を寄せるようになりました。

そんななかで、私がもっとも感動したのがカンポンさんとの出会いでした。カンポンさんは僧侶ではありませんが、豊富な仏教の知識と、実践に裏打ちされた智慧をたくみに生かし、心爽やかに生きる僧侶のような存在です。今や、誰もそれを疑う人はいないでしょう。そしてカンポンさんが語ってくれた気づきの瞑想は、開発僧たちが日々実践し心を安定させる秘訣でもあったのです。

じつは、気づきの瞑想、すなわちヴィパッサナー瞑想自体は、何も開発僧だけが実践するものとは限りません。主に上座部仏教に身をおく方々が大切にする修行形態のひとつです。ですから、特別新しいものではありません。しかし、開発僧の方々やカンポンさんの姿を通して、心の時代と呼ばれる現代社会にこそ「気づきの瞑想」の新たな可能性を感じるのです。

カンポンさんは体の自由がありません。僧侶は戒律によって行動が制限される存在です。双方とも見方によってはとても不自由な存在。でも彼らは不自由な部分を否定することなく、それを逆に自分の学びの機会へと生かし、気づきの瞑想によってしっかりと自分を確立しています。

健康にも恵まれ、戒律のない普通の暮らしをしている私たちは、一見何でもできて自由のようですが、心が不自由な場合が少なくありません。現代社会には、自分自身の心のコントロールができないがゆえの問題が増えています。たとえば、本当は食べたくないのに、食べずにはいられない摂食障害。子どもを愛しているはずなのに、怒りの衝動が抑えきれずに叩いてしまう幼児虐待などです。どうにもならない相手は他人ではなく、自分。そうした自分との葛藤でどれだけ多くの人が苦しみを抱えているでしょうか。

気づきの瞑想は、そんなふうに心に問題を抱える方々に対しても関心をもたれてきています。実際、カンポンさんの善き友でもあるプラ・ユキ・ナラテボー師は、心の問題を抱えた日本人がお寺を訪れた場合に気づきの瞑想を活用して心のケアに当たっています。病が治ることでは必ずしもありませんが、少なくとも瞑想を実践することで「苦しまない」瞬間を体験することができます。その体験を積み重ねることで自信が生じ、苦しまずに生きられる可能性を肌で感じられるのだと思います。そうした姿が、また他の方への励みになると私は感じています。

人生最期の瞬間まで、「気づきの仕事」がある

さて、最後にカンポンさんの最近の様子についてお伝えしておきましょう。
カンポンさんの生き方はタイでも大きな反響を呼び、彼の体験が映画にもな

りました。テレビやラジオなどで取り上げられることも多く、日本で言えばベストセラー『五体不満足』を書かれた乙武洋匡さんのような存在かもしれません。講演の要請はひっきりなしで、寺院や病院、学校を訪れるため全国各地を飛び回っておられます。

また素敵なニュースが最近届きました。来る十一月に、タイの政府（公共衛生省）が年に一度、国民の心の健康向上に貢献した団体や個人に贈る「心の健康奨励賞」に、二〇〇七年度個人の部の一人として、カンポンさんへの受賞が決定したとのことです。

私は、カンポンさんが今、タイ社会から注目を集めるその理由には、タイの障害者観が変わりつつあることと、仏教への信頼回復という二つの流れが重なっていると考えています。障害者はどこの国でもそうですが、社会的弱者として厳しい環境におかれています。タイも例外ではありません。

また、前世の行ないが悪く罰として障害をもつ身になったのだ、という根拠のない短絡的な偏見による差別が根強いのも現実です。しかし、カンポンさんの生き方が注目されてきたことで、他の障害をもつ方々も彼の生き方に影響を受け、結果的に彼らの社会参加を促しているのもまた事実です。少しずつですが、こうした地道な活動によって、障害者に対する見方が変化しつつあるとの希望を感じています。

また、僧侶ではないカンポンさんが仏教を語ることで、「気づきの瞑想」を通した実践の大切さが、一般の人により身近なものになっていく可能性があります。伝統的に受け継がれているものをもう一度見直し、苦しみを越えていく心の拠り所としての仏教を、タイの方々も感じ取っているのだと思います。

私は現在、ガンなどの終末期の方の人生に関心を寄せています。当たり前のことですが、終末期の方々と接してあらためて痛感するのは、人は必ず体の自由がなくなるときが来るという事実です。そしてたいていは、同時に心の苦しみも生じてくるということです。

多くの人は、病気や怪我になったときの経済的リスクを考えて保険に入ります。では、心のリスクにはどうやって日ごろから保険をかけたらいいのでしょうか。私はその心の保険の一つとして、「気づきの瞑想」が役立つのではないかと考えています。また、保険としての役割以前に、現実に今、病や怪我で苦しんでいる方に対しても、心のメリットがあると信じています。

そしてもうひとつ。私はカンポンさんを見ていて、「人生最期の瞬間まで私たちには気づきの仕事がある」ことを感じています。意識のある限り、人間が最期にどんな状態に置かれていてもやっていけるのが「気づき」なのです。

考えてみれば、私たちはいずれ得たものを手放していかなければなりません。これまで当たり前にできたことが、だんだん、だんだんできなくなる。できるように努力することももちろん大切ですが、精一杯やってもいつか必ずできない自分を受け入れざるを得なくなることでしょう。何かができたから喜ぶのではなく、「今・ここ」に気づいていける自分を喜ぶ。足が動かなくなったら手を動かすことで、手が動かなくなったら呼吸を感じることで、今を生きる実感をもつことは十分に可能だと、カンポンさんに教えられました。

最期の一呼吸まで「気づきの仕事」があると思うと、何と生きる勇気が湧いてくることでしょう。どんなときでも、気がつけば「ただそこにある」幸せを心から感じることができるのです。このシンプルでパワフルな気づきを与えてくれたカンポンさんに、心から感謝いたします。

本書の翻訳に当たっては、多くの善き友たちに支えられたことに心から感謝しています。カンポンさんを日本に紹介したいという思いにかられて始めた翻訳作業は、私にとって自らの力のなさに直面し、その苦しみを観る瞑想作業でもありました。行き届かない点がありましたらすべて私の責任ですので、ご指摘いただけるとありがたいです。

出版に当たり、お世話になった方々にお礼を申し上げます。

まずは、カンポンさんの本をタイで出版してくれた善徳の友の会の皆さま。善徳の友の会は、法の縁でつながる善き友たちの支援のためにつくられたNPOです。本やCDの出版、ラジオ番組の放送などを行なっています。とくに、リーダーのシニナート・プラサートパクディさんには、慈悲のこもった全面的な支援をいただきました。私が姉のように慕う彼女はタイでもっとも輝いている女性の一人で、カンポンさんを世に送り出した陰の立役者です。また、彼女を支えるスタッフの皆さんも、私がタイを訪れるたびにとびきりのホスピタリティで励ましてくれました。

監修をお願いしました東京工業大学大学院准教授の上田紀行先生。ワールドワイドで活躍なさる先生は今、日本でもっとも熱く仏教への期待を語り、応援してくださっています。大学院時代の私の恩師であり、不肖の弟子である私をいつも親身になり叱咤激励してくれました。

監訳と跋文を書いてくださったプラ・ユキ・ナラテボー師。師はタイの仏教の面白さ、奥深さを私に教えてくださる方です。スカトー寺で修行に努められるかたわら、数々の出会いを演出してくださる名プロデューサーでもあります。

初めての翻訳に戸惑う私を励まし、支援してくださった馬籠久美子さん。英訳版が出版されたのを縁に、丁寧に原稿をチェックしていただき数多くの貴重なアドバイスをいただきました。

そして、編集を担当してくださった佼成出版社の根岸宏典さん。日本ではまったく無名なカンポンさんの価値を見出し、遅々として進まない私の翻訳作業を温かく見守ってくださいました。

その他真心から応援してくれた多くの方々、本当にありがとうございました。

最後に、今、ここでこの本を手にしてくださったあなたに深く感謝します。カンポンという名前には、タイ語で「パワフルな」という意味が込められています。カンポンさんのメッセージがあなたのこれからの人生に、善きパワフルな力を与えてくれますよう、心から祈っています。

二〇〇七年十月

浦崎雅代

追悼　カンポンさん
～苦しまない「生き方」は、苦しまない「死に方」へと紡がれる～

悟りとは、ただのことば。
真実は、苦しみがない。

これは、カンポンさんが残された最期の言葉です。

二〇一六年四月二三日、午前十時四六分。
バンコクにある善徳の友の会にて、カンポンさんは六〇年の生涯を閉じられました。善友たちに見守られ、飛行機が地面に着陸していくように、ゆっくりと静かに息を引き取られました。気づきによって死の瞬間まで「苦しまない生き方」を貫かれた人生でした。

カンポンさんは本書出版後も数多くの講演に招かれ、タイ国内はもちろんのこと、中国・インド、そして二〇一三年には日本をも訪れることができました。各地での講演や瞑想会はどこも大盛況。多くの方がカンポンさんの姿と話に励まされました。

しかし、二〇一〇年頃からカンポンさんの体はC型肝炎に侵されていることがわかります。原因は事故の際に受けた輸血だと推測されました。肝炎から肝硬変、そして肝臓ガンへと進行し、二〇一四年には余命三か月と宣告されます。カンポンさんと彼を支える仲間たちは、緩和ケアに移行することを決断。体の負担を取り除きつつ、無理な延命はしない選択です。

その際もカンポンさんは、「体に病があっても、心は苦しまない」生き方にブレが生じることはありませんでした。彼に会いたいという人は後を絶たず、お身体の状態が許す限り、変わらず善友たちの訪問を喜ばれていました。後日私は、余命宣告された時の正直な気持ちをお伺いしたことがあります。

「三か月かあ、たっぷりあるなあ。ありがたい」という心境だったとのこと。気づきを高めていくとそうした受け止め方をされるのか、と私はハッとしました。

ちょうどその頃、中国や台湾から、カンポンさんを慕う善友であり、かつ医師である方たちが、緩和ケアを無料で提供させて欲しいと申し出られました。彼らは東洋医療、超一流のスペシャリスト。カンポンさんのために、無償でタイまで何度も訪れたのです。カンポンさんもその厚意をありがたく受け入れられ、針や灸をしてもらいながら穏やかな談笑を楽しみ、施術後には全身の血のめぐりが良くなって体が楽になる、と喜んでおられました。

体のケアは他者に委ねなければなりませんが、心のケアはご自身でなさっている、そしてそのケアは、体のケアを担ってくれる人たちの心も楽にすることができるのだなあ、と私は感じていました。

二〇一五年五月、満六〇歳の誕生日を迎えられたカンポンさんは「私が高齢者と呼ばれる年まで命を頂けたことは、とても嬉しいことです」と満面の笑顔でお話しされました。講演をなさる体力はもうありませんでしたが「一日一夜のいのち」というテーマで五分程度の短い説法を残してくれました。その中に、こうしたメッセージがあります。

病のとき、私たちは受け入れるべき三つのことがあります。

一つめは、「真実」を受け入れる。

特に重い病気が発症した時は、その真実をまず受け入れることです。

二つめは、「これから起こること」を受け入れる。

病気を治療したのちに、起こるであろうことを受け入れていくことです。

三つめは、「死」を受け入れる。

もうこれ以上なすすべがない時、いずれは死んでいくという真実を受け入れていくことが重要です。

私たちは時に「闘病」という言葉によって、病と闘っていくものだ、と眉間にしわを寄せて考え込みがちですが、病に学び、病や死とともに成長するという道があることを教えられました。

カンポンさんの葬儀は、静養されていた東北タイにあるライトハウスという瞑想修行場で行われました。国内外からカンポンさんの遺徳を偲ぶ方たちが二千人以上訪れ、またその様子はタイのテレビでも放映されました。赤土の大地に高く組み上げられた丸太。その上にあるカンポンさんの棺。祈りの後お坊さまが火をつけ、荼毘に付されるカンポンさんの肉体。最後の説法の姿を、皆は固唾を飲んで見守ります。これはモラナサティ（死を見守る瞑想）として、法を学ぶ最高の機会でもあります。

カンポンさんは、生前からご自身を「法を伝える道具」として生きることを喜びとされていました。肉体は常に変化し、障害や病を抱える身となっても、心は苦しまずに、自由でいられる。そう伝えるのをご自身の使命とされていました。さらに死を前にして、その姿はより鮮明になっていくようでした。

苦しまない生き方は、苦しまない死に方へと紡がれていく。後に残された私たちへの、なんという励ましでありましょうか。

私は今、カンポンさんが最後の時を過ごしたこのライトハウスに、家族とともに暮らしています。一角にはカンポンさん記念館が建てられており、ご遺骨の一部が奉納され、生前の写真やメッセージに触れることができます。

人生のどん底で出会った気づきの瞑想が、カンポンさんの人生を変え、生き方を変えていきました。しかし、法を伝える道具を持っているのはカンポンさんだけではありません。私たちもまた、肉体という法を伝える道具を持つ存在であり、そこから学んでいけるのです。

今ここにある、このいのち。
やがて死すべきその時が来るまで、私自身もまた苦しまない生き方を選択していける智慧を育んでいきたいと思っています。

あらためて、カンポンさんへ心から感謝を申し上げます。
本当にありがとうございました。

二〇一七年二月

浦崎雅代

上田紀行（うえだ・のりゆき）

1958年生まれ。東京工業大学リベラルアーツ研究教育院長・教授。文化人類学者・医学博士。東京大学大学院博士課程修了。愛媛大学助教授を経て、1996年４月より現職。国際日本文化研究センター助教授（1994～97年）、東京大学助教授（2003～05年）を併任。日本仏教の再生に向けての運動に取り組み、2003年より「仏教ルネッサンス塾」塾長を務める。また、宗派を超えた若手僧侶のディスカッションの場である「ボーズ・ビー・アンビシャス」のアドバイザーでもある。2006年12月には、インド・ダラムサラにおいて２日間にわたってダライ・ラマ法王と対談を行ない、『目覚めよ仏教！　ダライ・ラマとの対話』（NHKブックス）を刊行した。『生きる意味』（岩波新書）、『人間らしさ、文明、宗教、科学から考える』（角川書店）ほか著書多数。

プラ・ユキ・ナラテボー

1962年生まれ。本名、坂本秀幸。タイ・スカトー寺副住職。上智大学卒業後、タイのチュラロンコン大学大学院に留学。１９８８年瞑想指導者として有名なカムキエン師の元で出家。以後自ら村人とともに物心両面の幸せを目指し修行。近年日本から心や体に病を抱えた人、自己を見つめたいとスカトー寺を訪れる人も増え、水先案内人となる。また日本にも毎年招かれ、各地の大学や寺院での講演会、有志主催の瞑想会や個人面談会を行っている。著書に『気づきの瞑想を生きる』（佼成出版社）『苦しまなくて、いいんだよ。』（PHP研究所/evolving）『自由に生きる』（サンガ）、共著に『脳と瞑想』（サンガ新書）『悟らなくたって、いいじゃないか』（幻冬舎）ほか多数。
公式サポートブログ：「よき縁ネット」http://blog.goo.ne.jp/yokienn

浦崎雅代（うらさき・まさよ）

1972年生まれ。タイ仏教翻訳家。元タイ国マヒドン大学宗教学部講師。東京工業大学大学院社会理工学研究科（価値システム）博士課程修了。琉球大学大学院在学中、タイ国チュラロンコン大学大学院に２年間留学し、開発僧による地域づくりや在家者との関係について、東北タイ・スカトー寺をフィールドワーク。調査とともに気づきの瞑想を学ぶ。2016年フリーに。主な共訳書に『呼吸によるマインドフルネス』（サンガ）、『死にゆく人と共にあること』（春秋社）ほか。「note」にてタイ仏教に関する説法翻訳を行なっている。
note　https://note.mu/urasakimasayo
ブログ「浦崎雅代のタイの空（Faa）に見守られて」
http://urasakimasayo.blog.jp

カンポン・トーンブンヌム

1955年、タイ・ナコンサワン県生まれ。体育教師であったが、水泳の模範演技中に事故に遭い全身不随に。その後、故カムキエン・スワンノー師に師事し「気づきの瞑想」を修める。仏教の教えを基盤に苦しみを超えた生き方が反響になり、タイ国内の寺院や学校等での講演はもとより中国・日本でも瞑想指導を行なう。2016年、ガンによりバンコクにて逝去。享年60歳。

「気づきの瞑想」で得た苦しまない生き方

平成十九年十一月三十日　初版第一刷発行
令和元年十月五日　初版第五刷発行

著者　カンポン・トーンブンヌム
監修　上田紀行
監訳　プラ・ユキ・ナラテボー
訳者　浦崎雅代
発行者　水野博文
発行所　株式会社佼成出版社
〒一六六—八五三五
東京都杉並区和田二—七—一
電話（〇三）五三八五—二三一七（編集）
電話（〇三）五三八五—二三二三（販売）
URL https://www.kosei-shuppan.co.jp/
印刷所　大日本印刷株式会社
製本所　大日本印刷株式会社

ISBN978-4-333-02304-2　C0015